自《じ》力《りき》で目《もく》標《ひょう》達《たっ》成《せい》できる

「ヨミ表《ひょう》」マネジメント

SALES FORECASTING MANAGEMENT

亀《かめ》田《だ》啓《けい》一《いち》郎《ろう》
KEIICHIRO KAMEDA

CROSSMEDIA PUBLISHING

はじめに

東京オリンピックを控えた2020年、いろんな意味で期待を抱き新春を迎えた方も多いと思う。この私もその一人だ。その期待が、パニック映画のオープニング場面を観ているかのようなスピードで暗転した。夏が過ぎ、やや落ち着きを取り戻してきたが、ライフスタイル、ワークスタイルの変容が、商売に与えた影響は極めて大きい。

これまで当たり前のように続いていた商売の営みが、突如として途絶える。これがグローバルレベルで同時に起こる。

助けを求め、身を寄せる相手もそう簡単には見つからない。国、自治体、経営者、上司に指示を仰いでも明快な答えは返ってこない。

そう、腹を括って自分たちでなんとかするしかないのだ。みんなが、事業主、経営者になったつもりで考え、One Teamで打開策を模索するしかない。

このような**外部環境の変化を前向きに捉え、〝強くしなやかな組織〟に変革するチャンス**

と捉えることが健全だ。

このような未曾有の事態によって、企業の営業現場はパラダイムシフトへの対応を迫られる。そのパラダイムシフトを直視し、営業現場全員が臨戦態勢にシフトしなければならない。

本書では、そのマネジメントの転換を図るための手法をご紹介したい。

そもそも強い営業チームでは、営業目標数字を達成するためのマネジメントのシクミがある。私が勤めていたリクルート社では、これを「ヨミ表」と言っていた。

現状の見込み数字（ヨミ）の確認と、目標達成に向けたタスクを考え、その優先順位をつける思考を促すマネジメントツールだ。

エクセルで簡単に作れるフォーマットで、一見古典的に見えるツールだが、そこに込められている要素は奥深い。営業メンバーが経営者視点を身につけ、営業組織がOne Teamに変貌する。

筆者はリクルートで17年勤務、独立起業し15年間にわたり営業組織強化のコンサルティングに関わってきたが、この「ヨミ表」に類するマネジメントツールを活用している営業組織は意外と少ない。実際に、筆者のクライアントに「ヨミ表」を導入していただくことで、手応えを掴んでいるケースが多い。

本書では、そのような具体例を示しながら、知る人ぞ知る「ヨミ表」マネジメントの実践的なノウハウを提供する。

２０２０年9月吉日

株式会社プロジェクトプロデュース

代表取締役　亀田啓一郎

自力で目標達成できる「ヨミ表」マネジメント　目次

第1章

〝ゆる〜い〟営業現場のマネジメントツール

第2章

「ヨミ表」に込められた4つの「ヨム」

第3章 営業メンバーを「ミニ経営者」に変える3つのマネジメント

序章

社会の変化がもたらす営業現場のパラダイムシフト

01

Sales Forecasting Management

顧客獲得、関係構築手法の当たり前が変わる！

知恵を持つ下請け会社の下克上が起こる

企業紹介のテレビ番組で、ジリ貧の下請け工場が自社ブランドの商品を開発し、大ヒットしている事例が取り上げられていた。このような取り組みはパンデミックとは関係なく、〝意識高い系〟の会社では、以前から脱下請けの事業転換を進めている。

ただ今回の事態で、意識が高いだの低いだのと言っている場合ではなくなる。従来の城下町型の商流構造は崩れ、親方様からの禄は期待できないので、必死で自ら顧客を獲得しに行くようになる。

私の友人で、システム会社を営む会社の社長は、まさに下克上が起き始めたという。

これまで大手システム開発会社の下請けだった会社が、自ら大手クライアントに直接アプローチして、どんどんアポが取れているそうだ。

発注者側の視点に立てば、なおさらわかりやすい。これまでの取引実績、大手という安心感で担保されていた発注ロジックが変わるのだ。火急の事態に、スピーディーに対応できる小回りの利くところを直ぐに見つけたいのだ。図体の大きな元請会社に依頼しても、ソリューション探しに時間がかかり、さらにもコストもかさむ。

これまでの取引関係にあぐらをかいていると、機を見るに敏な会社に取引先をあっさり奪われてしまうだろう。

既存顧客、代理店ルート頼みのセールスは行き詰まる

同じ理屈で、これまでの取引先や顧客開拓を委ねている代理店、販売店ルートにすがっても、彼らも自分の商売の構造が崩れて困っているのだ。

きっと、「申し訳ないねえ、力不足で……」という言葉が返ってくるのが関の山だ。

インサイドセールスからの「引き合い情報」頼みの営業は破綻する

販促、マーケティング部門から提供されるリード（問い合わせなどの引き合い情報）に対応するのが営業の役割だった組織は、アポなし営業マンであふれてしまうだろう。

パンデミック特需[※1]の業界は別として、マーケット情勢が大きく変わってしまったところは、従来通りのマーケティング・オートメーションに任せたインサイドセールス[※2]は機能しなくなる。そのインサイドセールス任せの営業組織は大きなコストセンターになってしまう危険をはらんでいる。

足繁く通うオールドスタイル、ちょっと立ち寄る巡回訪問スタイルは通用しない

外出自粛、テレワークの要請に伴い、非対面型のコミュニケーションが一気に広まった。まさしく、DX[※3]（Digital Transformation：デジタルトランスフォーメーション）の一端を我々は身近で体験し、比較的短期間で順応していった。

「Zoomミーティングで十分いけるじゃないか！」

「かえって、会議や商談の時間効率が上がったな！」

と実感している人も多いと思う。おそらく、この流れは不可逆だ。

この流れに乗り切れなかったオールドタイプの営業は、一気に敬遠されることになる。

用が無くても足繁く通い、顔を覚えてもらう、

「近くまで行きますので、お時間よろしいですかー」的な営業スタイルだ。

「わざわざ来なくてもいいですよ。それより、ご用件はなんですか？」

と切り返されてしまうだろう。

※1　マーケティング・オートメーション

見込み客を管理し、問い合わせなどのリード情報を獲得し、最終的には営業担当に引き継ぐまでのマーケティングプロセスを自動化、最適化するしくみ。

※2　インサイドセールス

顧客と直接面談せずに電話やメールなどを使って行う営業手法のこと。対面での説明が必要になった際には、フィールドセールスに引き継ぐ分業体制で営業活動を行っている企業も多い。

※3　デジタルトランスフォーメーション（DX：Digital Transformation）

「企業がビジネス環境の激しい変化に対応し、データとデジタル技術を活用して、顧客や社会のニーズを基に、製品やサービス、ビジネスモデルを変革するとともに、業務そのものや、組織、プロセス、企業文化・風土を変革し、競争上の優位性を確立すること」経済産業省が２０１８年12月にまとめた「デジタルトランスフォーメーションを推進するためのガイドライン（DX推進ガイドライン）」における定義より引用。

02

Sales Forecasting Management

購買心理の当たり前が変わる！

ブランドよりもスピード、比較検討よりもトライアル志向

購買者である顧客の判断基準も大きく変わる。前述したとおり、火急の事態に、スピーディーに対応できる小回りの利くところを直ぐに見つけたいのだ。悠長に比較検討することに時間を掛けるのではなく、やりながら改善や修正をして、ダメなら直ぐに次を試すサイクルを早めるだろう。

手堅い提案よりも斬新な提案

顧客内の起案者や決裁者の視点に立つとわかると思うが、豊富な実績に裏付けされた手堅い提案をアピールされても、取り巻く環境の前提が変わっているからインパクトを感じない。それよりも例えば、「あまり前例はないですが、このバーチャルツールを使ってやってみませんか？」と、従来の枠組みから抜け出る提案の方が身を乗り出したくなる。

単純なコスト比較よりも構造的なコスト削減志向

例えば、「ウチのテレビ会議システムは、競合他社よりも安くさせてもらってまして……」というフレーズでは差別化はできない。顧客側は細かなコストカットなど眼中になく、コスト構造自体を早急に見直したいのだ。つまり、「全国の営業所を全廃して、リモート営業所として1フロアーに集約しませんか」というような提案を望んでいるのだ。

03

Sales Forecasting Management

マネジメントの当たり前が変わる！

真面目な昭和な営業マンは不良資産化する

上司の指示、教えに忠実に従いコツコツと努力をする。自分の意思を全面に出すよりも、組織の方針に沿うように立ち振る舞う。よくテレビドラマで描かれる昔ながらの企業戦士の姿だが、確かに実在する。確動性（相手の考えを確実に理解した上で行動に移す力）を強みとし、与えられた仕事をやりきることで成果を出し、評価されてきた人たちだ。

成長路線が明確で、トップダウン型の組織にとっては使い勝手がよい社員だったかもしれないが、想定外の有事に直面すると、その人たちが一気に〝指示待ち社員〟になりお荷物になる。

▶“行動指示型”のマネジメントから“発想支援型”のマネジメントへ

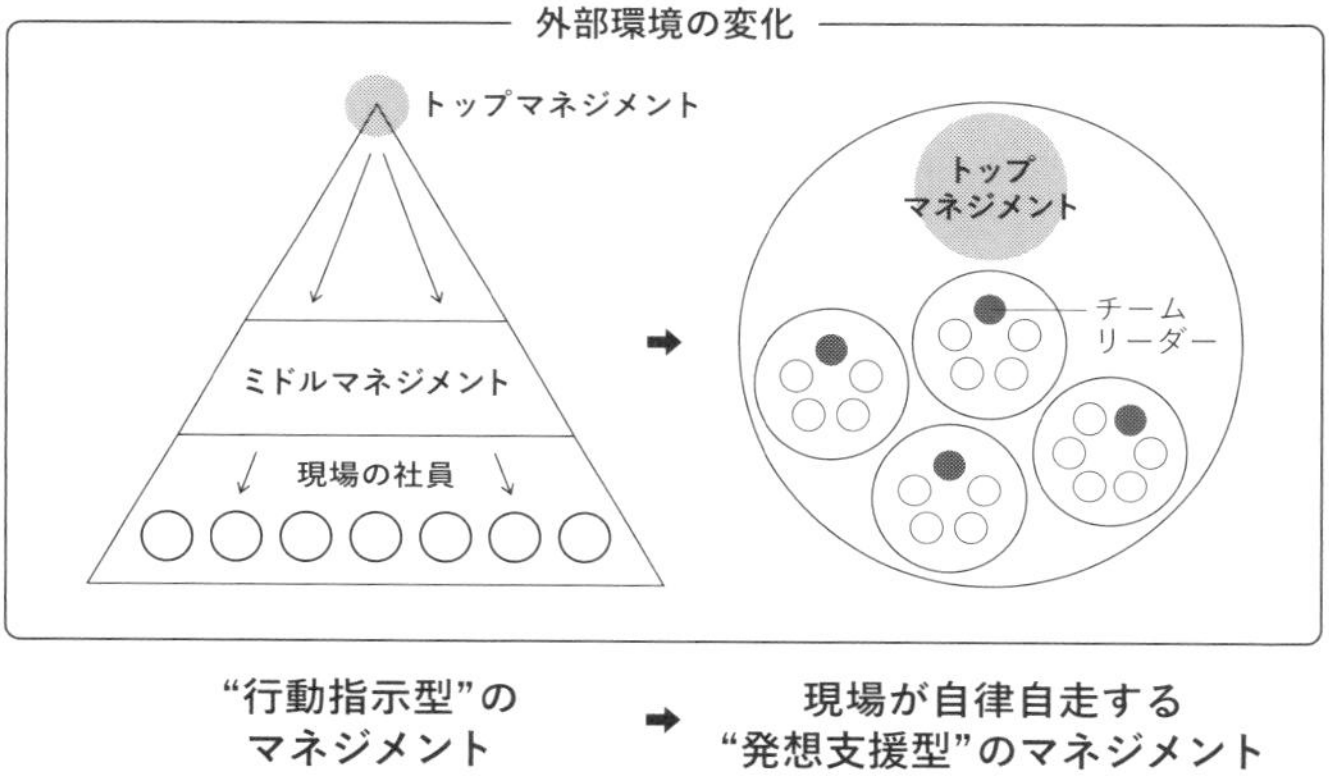

おそらく、トップは「少しは自分で考えて行動しろ！」と叫ぶだろう。でも、そのように自分が飼いならしてきた結果が、ブーメランとして返ってきただけだ。これまでの従順な部下が不良資産になってしまうのだ。

〝行動指示型〟のマネジメントから〝発想支援型〟のマネジメントへ

「あれをやれ！」「これはやったか？」と、行動レベルの指示命令、確認を行うマネジメントは、指示待ち部下をつくる。でも、想定外の有事になると、トップも明確な答えが浮かばないから、指示は出せない。

こんな時は、部下総動員で知恵を出し合い、活路を見出す体制に切り替える必要がある。一人ひとりが、自分で考え、失敗を恐れず行動し、トライアル・アンド・エラーを高速で繰り返すことを促すのだ。そのうちの誰かが、新たな発想から突破口を見出す。そんな〝発想支援型〟のマネジメントへの転換をしなければならない。

営業メンバーを「ミニ経営者」に変えるマネジメントが求められる

「なんとかして、これだけの売上を稼ぐ必要がある。でも、既存顧客からの発注は期待できない……」

「お客様が求めるニーズが大きく変わってきている。でも、既存の商品サービスでは解決できない……」

こんな状況に対して、皆さんや皆さんの営業チームのメンバーは、どう向き合うのか？

ある新聞販売店の経営者が、本業の先行きには期待できないことから、「焼き立てのパンを早朝に届けるサービス」を考えて、今では行列ができるパン屋になっているという例が紹介されていた。

これは、危機感を感じた経営者から出てきた新たな発想だが、このように営業メンバーたちが〝稼ぐ工夫〟を自ら考え行動する「ミニ経営者」に変われば、突破口が見つかるスピードは格段に速くなる。

理屈はわかるけど、長年染み付いてきた意識や行動が、そう簡単に変わるのか？

そのように疑問を感じる読者の方も多いと思う。本書の目的は、まさにその疑問にお答えすることにある。

マネジメントツールを変え、チームの意識と行動を変えよ！

次ページの図「学習する組織　氷山モデル」を見てほしい。「学習する組織」とは、MIT経営学院上級講師、組織学習協会（SoL）創設者ピーター・センゲ氏が提唱する組織開発論である。この図は、組織の状況を俯瞰して捉え、変革の打ち手を考えるために役立つフレームワークだ。

この図を少し説明すると、例えばある営業チームでは、**営業目標の未達成が続いているという「できごと」が起きているとしよう。**

では、その「できごと」を引き起こしている背景を見てみると、

◎月末近くになって上司から営業数字の状況を聞かれ、あわてて得意先に電話をして追加受注を試みるが、不足分を埋めるまでに至らない。

▶学習する組織　氷山モデル

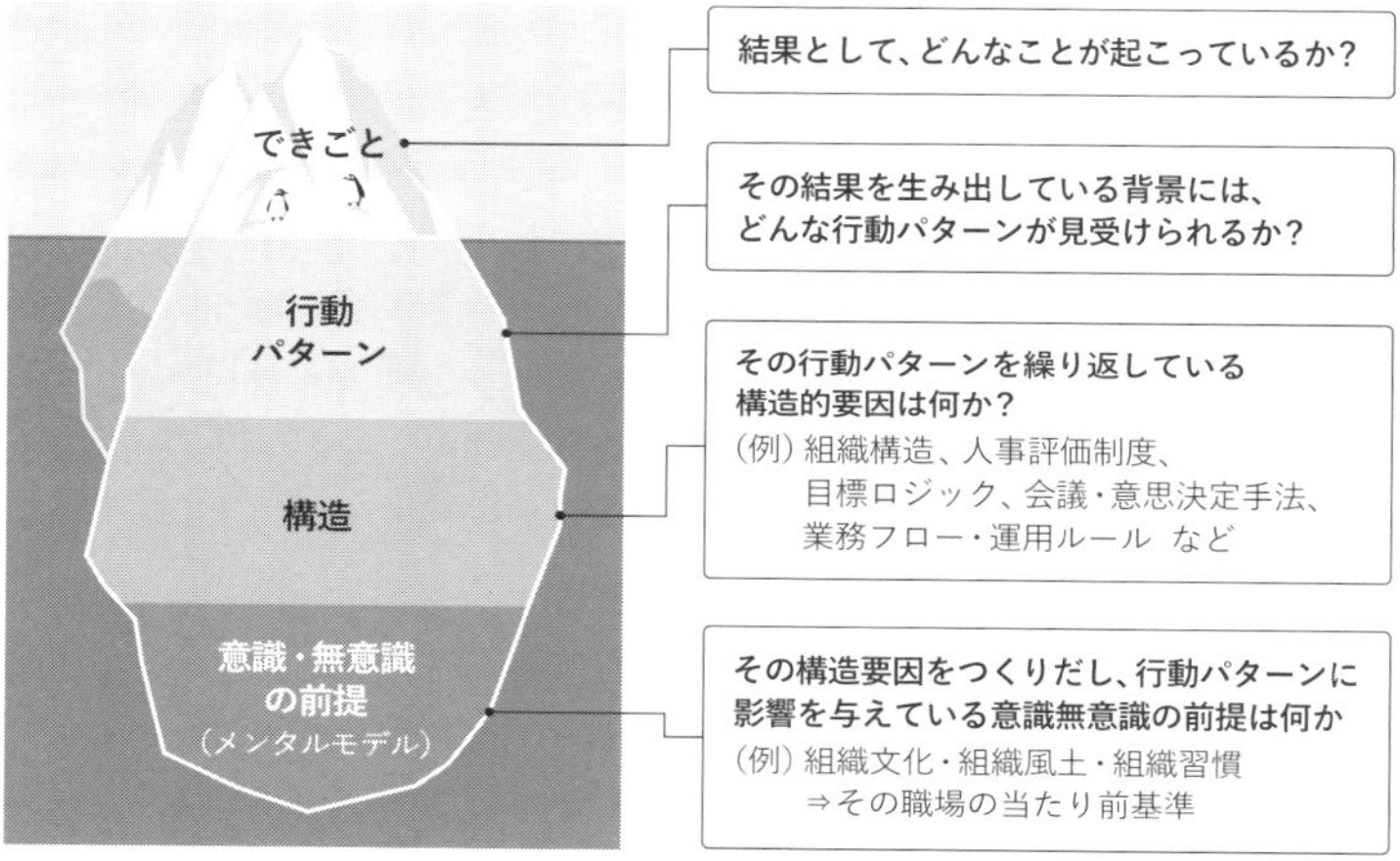

できごと
行動
パターン
構造
意識・無意識
の前提
（メンタルモデル）
結果として、どんなことが起こっているか？
その結果を生み出している背景には、
どんな行動パターンが見受けられるか？
その行動パターンを繰り返している
構造的要因は何か？
（例）組織構造、人事評価制度、
目標ロジック、会議・意思決定手法、
業務フロー・運用ルール　など
その構造要因をつくりだし、行動パターンに
影響を与えている意識無意識の前提は何か
（例）組織文化・組織風土・組織習慣
⇒その職場の当たり前基準

◎さらに、このような無理なお願い営業によって、徐々に得意先の信頼を失って顧客基盤が脆弱になり、ますます営業数字を稼ぐことが難しくなってしまう。

という「行動パターン」が、水面下で繰り返されている。

さらに、その「行動パターン」を助長させている「構造的な要因」について目を向けると、

◎営業メンバーは、半年間の売上目標の達成率で評価される構造になっているので、「最後に帳尻をあわせればいいや〜」という心理が働き、毎月の目標を着実にクリアしていこうとする動きにならない。

◎毎月、25日前後の定例会議で営業数字を報告するルールとなっているが、その時点で不足分がわかっても残り少ない営業日数で挽回することはできない。せいぜい、得意先にお願い営業することに頼ってしまう。

そして、そのような「構造要因」をつくりだしている「意識無意識の前提」には、

◎これだけの既存客がいたら、待っていればそのうち案件の相談はくるはずだ。

◎取引の長いお客様だったら、多少の無理は聞いてもらえるはずだ。

◎営業目標とは、達成するものではなく、一つの目安だ。

という思い込みがあったりする。このような思い込みや当たり前の前提を「メンタルモデル」という。

ただ、染み付いた「行動パターン」や、根底にある「メンタルモデル」をいきなり変えるのは難しい。そこで、まずは「構造部分」にメスを入れることをお勧めしたい。

先ほどの例でも挙げた、評価構造、目標設定方法もその一つだ。例えば、半年の最終月に大型案件を受注して目標達成した場合も、コツコツと月間目標も達成し、半期の目標も達成した場合も評価として同じならば、営業メンバーの心理としては最終回の逆転満塁ホームランを根拠もなく期待して活動してしまう。

一方、半期目標の達成率が同じでも、月間目標の達成数が多い営業ほど評価が高いというロジックに変えるだけで、営業メンバーの意識と行動は変わる。

これが構造部分にメスを入れる一例だ。行動が変わり始めると、少しずつ結果が変わる。結果という「できごと」を実感すると、これまでの「意識無意識の前提」つまり、「メンタルモデル」が変わってくるのだ。

ただ、先に述べたような評価構造、目標設定方法を変えるには、時間を要する場合が多い。そこで、**現場のマネージャークラスが明日からでも実施できる手法が、日常業務で活用しているマネジメントツールを改めることだ。**

これから本書で詳しく述べる「ヨミ表」も現状の見込み数字（ヨミ）の確認と、目標達成に向けたタスクを考え、その優先順位をつけるためのマネジメントツールだ。

日常的に活用するレポートフォーマットを変えることは、チーム内でのコミュニケーションの構造にメスを入れるということだ。その構造面での変化が行動パターンに影響を及ぼし、結果（できごと）が変わってくる。良い結果が積み重なると、メンタルモデルが変わりはじめ、新たな組織風土や文化が形成されていく。このような連鎖反応を起こしていくことが、チームの意識と行動を変えていくことに他ならない。

営業現場のビジネスパーソンの方へ、自らを高め、経営者へと急成長するチャンスがきた！

おそらく本書を手にしている方は、経営層やマネジメント層の方だけではなく、高い成長意欲を持った若くてエネルギッシュなビジネスパーソンの方々も多いと思う。この序章の最後に、そのような方々にもメッセージをお伝えしたい。

この章で述べてきたとおり、これまでの当たり前が一気に変わる。そして、古い固定観念や思い込みに囚われず、成果を出すことにアグレッシブに取り組む人がリーダーとなるはずだ。

これから本書で述べる「ヨミ表マネジメント」の手法は、組織マネジメントだけでなく、**現場の営業パーソンが事業主視点となり経営感覚を身につけていくためのセルフマネジメント手法でもある。**第一線の営業現場の皆さんが、個人で実践し成果を出していくという観点で読んでいただいても参考になるように書いている。

このパラダイムシフトは、みなさんにとっては自己成長、自己変革のチャンスだ。そのように捉えている方々にも参考になれば幸いである。

第1章

〝ゆる～い〟営業現場のマネジメントツール

01

Sales Forecasting Management

見通しがリアルにわからない組織に危機感は生まれない

当初計画の立て直しの第一歩は、リアルな現状把握

この本を手にされている読者の中には、当初の業績計画が大きく変わり、修正計画の策定を行っている方もいるかもしれない。

よくある修正計画例を見てみよう。

左図のようなシミュレーション数字が営業企画部門から提示されることがある。よくよくエクセル表を見てみると、売上計算式の算定パラメータを変えているだけだったりする。「この算定条件の数値の根拠は？」と聞くと、現場の営業マネージャーからのヒアリング

▶よくある修正計画例

上含み案

修正目標：1億5000万円
（算定条件：市場の伸び率●%、値引率●%、受注率●%）

成り行き案

修正目標：1億2000万円
（算定条件：市場の伸び率●%、値引率●%、受注率●%）

下含み案

修正目標：9000万円
（算定条件：市場の伸び率●%、値引率●%、受注率●%）

によるものだという。

このような感覚的で無機質な算出数字を見た経営者は、どんな判断ができるのだろうか。もし、下方修正を余儀なくされている状況だった場合、営業現場はこの数字を見た時に、危機感を覚え、なんとか挽回しようと思うだろうか。

下方修正、上方修正のいずれの場合にも重要なことは、**現時点での見通しをリアルに把握することが第一歩なのだ。**では、「リアルに把握する」とはどういうことかというと、「納品済案件」「受注済未納品の案件」「商談中の案件」をすべて洗い出し、確定金額、予

▶計画修正の第一歩は、見通しをリアルに把握すること

「納品済案件」「受注済未納品の案件」「商談中の案件」
をすべて洗い出し、

確定金額／予定金額／予想金額／入金時期

を直接お客様に確認して、数字を算出すること。

⬇

この作業を全営業メンバーが行うことで、
現状の見通しを肌で感じることができる

定金額、予想金額、入金時期を**直接お客様に確認して、数字を算出することだ。**この作業を全営業メンバーが行うことで、現時点での見通しを肌で感じることができる。

営業現場の一人ひとりから積み上がってきた数字はリアルな数字だ。A社の案件はなんとしてでも受注しないと、対前年50%になってしまう……という現実味を帯びた議論ができる。経営者が求めているのは、このような数字だ。

02

Sales Forecasting Management

一見、秀逸なエクセル表は実態を見誤る

受注確率を掛け合わせて自動計算されるエクセル表は要注意

次ページの図に示す売上予測表を見て欲しい。一つひとつの商談の売上数字に受注確率を掛け合わせ、積み上げて計算している。一見、地に足の着いたマネジメントツールのように見える。

もしあなたが営業マネージャーならば、この集計結果を見て、4月〜6月の第1四半期は目標達成できそうだと、上司に報告するだろうか？

私ならば、この数字を見て「大丈夫です！」とは、恐ろしくて報告できない。

▶ リアリティーが伝わらない売上予測表

受注確率を掛け合わせて自動計算されるエクセル表は要注意

		4月	5月	6月
売上予測表：万円	売上目標	1200	1200	1200
	売上予測	**1320**	**1380**	**1300**
受注確率：100%案件	**合計**	**400**	**300**	**1000**
A社 大阪支店		400		
B社 名古屋店			300	
A社 本店				1000
受注確率：80%案件	**合計**	**360**	**480**	**0**
C社 仙台支店		300		
D社 本社		150		
B社 本社			600	
受注確率：50%案件	**合計**	**400**	**600**	**0**
E社 本社			1200	
F社 福岡店		800		
受注確率：20%案件	**合計**	**160**	**0**	**300**
E社 本社				1500
F社 福岡店		800		

本当に見込める数字はどれくらいで、本当に不足している数字はどれくらいかが掴めない

確かに、各月とも売上予測は売上目標を上回っている。しかし、よく見て欲しい。

例えば4月売上予測の実態は、受注確率100%と80%の案件の額面通りの受注金額を合計しても、850万円なのだ。あとは、受注確率が50%以下の案件が2件しかない。しかも、その金額が2件とも800万円と大きな金額になっているから、売上予測が膨らんで見えるのだ。

5月、6月を見ても同様に、受注確率が50%以下のE社の大型案件があるので、予測値が大きく底上げされている。でもこのE社の案件がなくなったら、リカバリーできる手持ちの案件はＦ社以外にはない状況だ。

受注確率50％の商談などはない！

私の関わったクライアントでも、このような売上集計をしている営業現場は多い。

あるクライアントの営業責任者や営業企画の担当に、受注確率50％の定義を聞くと、「見積提示をした案件」だと言う。過去を紐解くと、見積提示をすれば、受注確率がほぼ50％だからというのがその理由だ。

確かに統計的にはそうなのだろうが、**実際の商談は、当月に受注できるか・否かの、1か0のどちらかしかない。**見積金額がたとえ８００万円だとしても、そこに50％の受注確率を掛けて、４００万円が期待できると算出するのは、極めておかしな話だ。

受注確率１００％の案件の４００万円と、同じ価値として合計しているからだ。

もしこの状況を上司に報告するなら、

「第１四半期の３６００万円の目標に対して、１７００万円は確定です。商談中のＢ社

600万円は8割方受注できそうなので、2300万円までは見えています。」

「残額の1300万円は、E社2700万円、F社1600万円の案件の成否を4月中に見極めて、無理な場合は新規案件の仕込みを急ぎます。」

と、伝えるのが妥当だ。

前述の修正目標の算出部分でも述べたが、感覚的な係数を掛けて予測数値を出すと、リアリティが無くなってしまう。**リアリティが無いとは、本当に見込める数字はどれくらいで、本当に不足している数字はどれくらいかが掴めないということだ。**

他にも、いろんな係数を掛け合わせた、一見秀逸なシミュレーション表になっているマネジメントツールは実に多い。いま一度、自社の集計表を見て実態が伝わってくるか確認して欲しい。

現状と目標値との乖離がさっぱりわからないマネジメントツールの例

先ほどの売上予測表も同様だが、売上目標と売上予測との差分が表記されていない。この場合は、予測値自体が曖昧な数字なので、目標値との差分の数字を出しても、単なる引き算をした数字でしかない。本来は、**どの商談が受注できれば目標達成できるのかが、一目瞭然でわかる表であるべきだ。**

次ページのような「商談管理表」もよくあるケースだ。商談化したら、その内容を1行ずつ追加していく構造になっている。SFAツールを導入している場合も、概ね図に示す項目を入力し、全商談を一覧表にするとこのような表示になるはずだ。

もちろん、営業担当や進捗状況、実施時期でソートすることで、見たい数字を切り出して確認することができる。だから、営業チームの活動状況は把握できていると思っているマネージャーも多いと思う。

▶現状と目標値との乖離が一目でわからない「商談管理表」

営業	顧客名	商品	内容	進捗状況	実施時期	金額：万円
山田	A社	Xサービス	新規提案	**提案書作成中**	2019年12月	500
鈴木	B社	Yサービス	追加提案	**見積提示済**	2019年9月	300
太田	C社	Z商品	追加提案	**再見積中**	2020年3月	800
山本	D社	Xサービス	追加提案	**提案書作成中**	2020年2月	350
山田	A社	Z商品	新規提案	**デモ日程調整中**	2019年12月	
加藤	E社	Z商品	新規提案	**結論待ち**	2019年9月	600
加藤	E社	Xサービス	追加提案	**結論待ち**	2019年9月	700
鈴木	F社	Z商品	新規提案	**デモ日程調整中**	未定	
太田	G社	Yサービス	新規提案	**見積提示済**	2019年12月	1000
山田	H社	Yサービス	新規提案	**見積作成中**	2020年3月	500

**目標値との乖離を認識させ、
その差分を埋めるための計画行動を促す構造になっていない**

確かに、

「山田君は、新規営業頑張っているな！」

「新商品のZ商品は、〝デモ〟を実施してクロージングする手法が定着してきているな」

「9月の売上見込みは、1600万円くらいかな」

といった、状況は把握できると思う。

ただ、これはある時点での風景をスナップショットで眺めているに過ぎない。

この集計表を見た営業マネージャーは、

「今月の目標達成には、誰のどの案件が受注できればいいのか？」

「下半期の目標達成に向けての仕込みは十分か？」

といったことが、一目でわかるだろうか？

この集計表を見た営業メンバーは、

「チームの目標達成には、自分の●社の案件を●月までに受注することにかかっている」、と認識することができるだろうか？

いやそれ以前に、自分自身の営業目標を聞かれてもすぐに答えられない営業メンバーが多いのではないかと思う。「そんなことはないだろう」と思う方もいるかもしれないが、私が携わった営業組織の大半はこのような状況だった。

当然このような場合、

「目標に対してどれくらい不足していて、どの案件をいつまで受注する必要があるか？」

「それでも足りない場合は、どれくらいの規模の案件をいつまでに仕込んでおけばいいか？」

という行動計画を立てているわけもない。

このような行動パターンになるのは、日常の営業活動に大きく関わるマネジメントツールが、**目標値との乖離を認識させ、その差分を埋めるための計画行動を促す構造になっていないからだ。**

商談の進捗状況が顧客視点になっていない

先ほどの「商談管理表」には、まだ他にも望ましくない行動パターンを助長する要素がある。

例えば、進捗状況の項目を見て欲しい。「提案書作成中」「見積提示済み」「デモ日程調整中」などの言葉が並ぶ。これらの内容は、すべて営業側が主語で行っていることだ。確かに、商談を進めるために実施していることなので、進捗状況といえばその通りだ。ただこの表現では、商談がどの程度進捗しているかどうかはわかりづらい。

なぜなら、

「ご提案だけでもさせてください」

「概算見積だけでもご覧ください」

と言うだけでも、「提案書作成中」「見積提示済み」という表現になるのだ。

進捗確認で重要なのは、営業が実施したことではなくお客様の反応だ。

「おおよそ、どれくらいの費用が掛かるのか、見積をもらえますか」

「社内決裁の手続きに入るので、見積書を発行してください」

この両者はいずれもお客様の発言だが、商談の進捗度合いは全く違う。でもこの商談管理表では、「見積提示済み」と記載してしまうのだ。

このように、営業側が実施したことだけを記入するフォーマットになっていると、お客様の反応を確認する、お客様の購買心理の変化を把握する意識が希薄になってしまうのだ。

「見積金額を見て、お客様はどんな反応だった？」と、営業メンバーに聞いても、

「いやあ、特に……」という返事しか返ってこなかったりする。

「それじゃあ、受注できそうかどうか、わからないじゃない……」

という、やりとりになってしまう。

受注予定日がない

さらに、例示の「商談管理表」に足りない項目について補足したい。

1つ目は、「実施時期」の項目はあるが、「受注予定日」の項目がない。一般的には、受注しても納品に向けての作業があるため、実施までにはタイムラグがある。おそらく、「実施時期」の項目があるのは、そのタイミングで売上計上するために必要だから、記入させているのだろう。

ではなぜ、その前段階の「受注予定日」が必要なのか?

それは、営業活動の大きな節目となるタイミングであり、**その日程をお客様と確認合意することで、本当に売上が立つことの証になるからだ。**この「受注予定日」にお客様と合意した日程が記入されることで、商談の受注確度が上がったことが明確にわかるのだ。

それと共に、この「受注予定日」という項目を営業メンバーに記入させることで、お客様とその期日の確認をする行動を意識付け、この時期に売上計上するためには、この期日までには結論をもらいたいという計画行動を促すメリットがあるのだ。

「次の一手」の記入スペースがない

もう一点、足りない項目について補足したい。それは、「次の一手」の記入スペースだ。前述のとおり、「受注予定日」の項目を設置することで計画行動を促すことになる。さらにその意識を強化するためには、**その期日に向けてどんなアクションをとれば良いかを、営業メンバーに考えさせることが重要になる。**

詰将棋に例えるならば、この商談を詰めていくために、自分ならばどのような「次の一手」を打ち出すかを考え記入させることで、ゴールから逆算して考え行動する思考習慣が身に付いてくるのだ。

提案や見積を出しても、成り行き任せで結論を確認しないような、ゆる〜いクロージングが常態化している営業組織は、この点を確認してみることをお勧めしたい。

03

Sales Forecasting Management

“ゆる〜い”営業現場は、情報更新も“ゆる〜い”

これまでマネジメントツールの事例を取り上げ、そのフォーマット構造が営業活動に及ぼす影響について述べてきた。ここからは、マネジメントツールの運用方法が及ぼす影響について説明したい。

昔の商談がずっと残ったまま……

一見、潤沢な商談案件が動いているように見えるが、よくよく見てみると、「あれ、この商談は先月失注したものじゃないか」

「これ、去年に実施済みの案件だよね」

「この案件、ずっと提案中になっているけど、どうなったの？」

というような内容が数多く混じっている場合がある。

つまり、日々の営業活動を通して情報をタイムリーに更新するという運用ルールが徹底されていないということだ。もう少し補足すると、終了した案件、失注した案件、動きがない案件は、どんどん削除（別のところへ移動）される運用がなされていないのだ。

このようなルーズな運用が常態化すると、

◎注力すべきアクティブな案件が埋もれてしまい、優先順位を間違える
◎受注見込みの低い商談をしつこく追いかけてしまう
◎なんとなく手持ち商談が数多くあるような錯覚を起こし、新規商談を仕込む活動が疎かになる

といった傾向が顕著になる。

月末近くに営業会議を開き、直前に情報を更新する

組織運営に密接に関連するものは会議だ。会議運営や打ち合わせの仕方も大きく営業活動に影響を及ぼす。

例えば、ある営業組織では、月末近くに定例の営業会議を開く。その理由は、〝今月〟の営業数字の見通しを確認するためと、今月の請求に漏れが生じないようにするためだ。営業メンバーは会議の直前に、今月の商談を思い出しながら進捗や数字を更新する。

そして、営業会議では、営業マネージャーがチームの数字を総括し、「今月は、みんなの頑張りで目標達成ができた」とか、「残念ながら、〇〇万円足りずに終わりそうだ。来月は挽回しよう」というコメントで締めくくる。

もはやこの会議は、**数字を追いかける営業部の会議ではなく、数字を確認する経理部の会議になっている。このような組織運営のルーティンワークは、日々動く商談を把握し、期日までに狙った成果を出そうする意識を削いでいく。そして、成り行きの結果を報告すれば良いという風土をつくりだす。**

04

Sales Forecasting Management

数字入力が目的化すると、メンバーは思考停止する

前述のように所定のフォーマットに記入することが目的化し、作業化していくと営業メンバーはどうなっていくと、皆様は想像するだろうか。

私が関わってきた営業組織では、大半の営業メンバーは記入したら、翌月の記入タイミングまでその集計表を開いてみることはない。一時的な報告作業で終わっているのだ。

そうなると、次に示すような症状が出始める。

営業目標額、残数字がすぐに言えない

私が営業職だった時には、「今月の目標はいくら？」と聞かれたら、自分の電話番号と同じくらい即座に答えることができた。そして、「あと、どれくらいで達成なの？」と言う問いにも即答できた。営業組織、会社全体がそうだった。それが「当たり前」だった。

ところが、仕事を通して様々な営業組織と接すると、先ほどの問いに対して、「え〜と」と言ってPCを開き、確認し始める人が意外と多いことに驚いた。

数字を入力することが目的化して、肝心となる、**目標までの残数字をどうやって埋めようかという思考になっていないのだ。**

各商談の次の一手を考えていない

残数字は頭に入っている場合でも、その数字を手持ちのどの商談で埋めることができる

のか？　期日までに売上計上するためには、その商談をどのように進めれば良いのか？

この問いに即答できない状態になっている場合も多い。そのような営業メンバーの手帳やタスク管理メモを見せてもらうと、その部分が抜け落ちているか、極めて曖昧な表現になっている。

まさに、詰めていくべき商談と「次の一手」を行動レベルまで落とし込めていないのだ。

残された営業日数でやることの優先順位が決まっていない

詰めていく商談案件の次の一手は浮かんでいても、すべてを行う時間的余裕がない場合がある。そうなると、短期間で成果がでそうなものはどれか？　それがダメならどうするか？　という優先順位をつけて取り組んでいくしかない。

しかし、ここで取り上げているような営業組織では、メールがきた順番、誰かから言われた順番、行きやすいお客様の順番……などで自らの行動を決めていることが多い。

期限までに成果を出すためにやるべきタスクを逆算して、優先順位付けする思考習慣が備わっていないのだ。

新規案件の仕込み活動への意識がない

現在営業中の手持ちの商談だけでは、営業目標までの数字に到達しない場合がある。今月、来月はなんとかなりそうだが、再来月は全く届かない。そんな経験を持つ営業職の方は多いと思う。会社経営では、いわゆる自転車操業状態だ。

普通の経営者ならば、先の数字を見越して、早め早めにキャッシュを確保する手立てを考え、厳しそうならば銀行から融資を受けるという活動を当たり前にする。そうしないと、資金がショートして倒産してしまう、という危機感が備わっているからだ。

本来、営業とはこういうものだ。よって、現場の営業メンバーも、自分の営業数字の先行きを予測しショートしそうだとなれば、先手先手で新たな案件を仕込んでいくことが、本来の姿だと思う。**営業が「ミニ経営者」となるべきだと本書で謳う所以はここにある。**

▶“ゆる〜い”営業現場の特徴

◎商談管理表に昔の商談がずっと残ったまま……
◎月末近くに営業会議を開き直前に情報を更新する……
◎営業目標額、残数字がすぐに言えない……
◎各商談の次の一手を考えていない……
◎残された営業日数でやることの優先順位が決まっていない……
◎新規案件の仕込み活動への意識がない……

⬇

「このままいくとヤバイ!」という感覚がない

⬇

ヤバイ現実を可視化し、
この感覚を自覚させるマネジメントが行われていない

当然、経営者も自分の中では当たり前となっているこの感覚を、営業メンバーにも求めてしまう。だが、ゆる〜い営業組織では、「このままいくとヤバイ!」という感覚がない。ヤバイ現実を可視化し、この感覚を自覚させるマネジメントツールになっていないからだ。

つまり、ここでずっと述べてきているように、数字を入力することが作業化し、目的化するような組織マネジメントは、営業メンバーの思考を止めてしまい、本来求めていくべき経営者視点を奪ってしまうのだ。

05

Sales Forecasting Management

間違った〝体育会気質〟は粉飾だらけの数字報告を助長する

「おはようございます！」と元気な挨拶とともに、時間通りに朝礼が開始され、営業メンバーがテキパキと営業報告をする光景を目にすると、一見、〝ゆる〜い〟営業組織とは一線を画す組織だと思える。もちろん、個々が自律しながらも統制の取れた組織であることも多いのだが、それだけで判断することは早計だ。

個人の意気込み、気合いだけがやりとりされる営業現場

営業組織の特徴を見極める有効な方法は、これまで述べてきたマネジメントツールとその運用方法に着目することだと私は思う。

例えば、前述のような一見ピリッとした営業組織でも、よくよく聞いてみると次のようなやりとりがなされていることがある。

〈シーン1〉

上　　司：「A社の案件は、9月には受注できるんだな」

営業メンバー：「はい、間に合わせます！」

上　　司：「よし、その意気込みを信じるから、がんばれ！」

〈シーン2〉

上　　司：「商談中のB社は、大手企業だな。どれくらいの受注規模になりそう

なんだ？」

営業メンバー：「1000万円規模の受注にはしたいと思います！」

上　　　司：「うん、それくらいは欲しいな、がんばれ！」

このやりとりをみて、違和感を覚えた読者の皆さんも多いと思う。

あまりにも営業本位なやりとりで、時期や金額の根拠がなく、営業の意気込みや気合いだけを確認するやりとりになっていることだ。

営業担当として、「こうしたい」という意志をもって臨むスタンスは重要だと思うが、**受注確度や時期、金額の予測は、お客様からのヒアリング情報が根拠になるべきだ。その根拠がすっぽりと抜け落ちた進捗報告が、まかり通っている営業組織は危ない。**

きっとメンバーから報告を受けた上司も、その上の組織長に同じような気合いレベルの報告をしている可能性が高く、根拠のない数字が積み上げられて、経営層へと示されていることが多い。

見た目は筋肉質っぽいが、中身はゆる～い営業組織と変わらない。

ネガティブ情報の報連相が欠如している営業現場

このような組織には、間違った体育会系気質が潜んでいることが多い。

例えば、次に示すような心のつぶやきが、水面下で囁かれている組織だ。

「ネガティブな情報を安易に言うと、言い訳している、やる気がないと思われてしまう……」

「常にいい報告をしておかないと、理不尽な営業を求められてしまう……」

「なんとか取り繕った報告をして、最後につじつまを合わせればいい……」

このような組織では、ネガティブな情報が表面化せず、粉飾された情報だけが共有、報告され、最悪な場合は不正行為が常態化するようになる。

そして何よりも残念なことは、失敗を恐れずチャレンジすることが、できなくなってしまうのだ。従業員、チームメンバーが、経営者視点に立ち、One Teamで打開策を模索しなければならない状況の時に、このような組織状態は致命的だ。

▶間違った"体育会気質"は粉飾だらけの数字報告を助長する

個人の意気込み、気合が根拠の報告が常態化している

◎受注確度や時期、金額の予測の根拠が抜け落ちた報告が、まかり通っている営業組織は危ない

ネガティブ情報の報連相が欠如している営業現場

◎ネガティブな情報を安易に言うと、言い訳している、やる気がないと思われてしまう……

◎常にいい報告をしておかないと、理不尽な営業を求められてしまう……

◎なんとか取り繕った報告をして、最後につじつまを合わせればいい……

↓

「営業組織とは、こういうものだ」という、「無意識の前提」が出来上がり、染み付いている

↓

マネジメントツールとその運用方法にメスを入れ、意識と行動を変えよ！

おおよそ、このような組織に共通する不思議な現象がある。それは、例示のような心のつぶやきをしているわりには、意外にもこの風土を受け入れていることだ。つまり、「営業組織とは、こういうものだ」という、無意識の前提（メンタルモデル）、当たり前の基準ができ上がり、染み付いているのだ。

経営者や組織長がこの状態に気づき、「失敗を恐れずチャレンジしろ！」「どんな情報でもいいから、上げてこい！」と言うだけでは、変わらないことが多い。

確かに、変えることは難しいが方法はある。これまでも述べたように、**染**

み付いた「行動パターン」や、根底にある「メンタルモデル」を変えるには、マネジメントツールとその運用方法という「構造部分」にメスを入れることだ。

ここまで、〝ゆる〜い〟営業現場にありがちな状況を述べてきた。このあと、その状況の打開策として提示する、「ヨミ表」というマネジメントツールについて、解説していきたい。

第2章

「ヨミ表」に込められた4つの「ヨム」

本書のタイトルに入っている「ヨミ表」という言葉だが、もちろん一般用語ではない。私が新卒後入社したリクルート社の社内用語だ。

社会人1年生から、この「ヨミ表」という言葉と、その概念が染みついてしまったので、独立起業後も、ついつい社外のお客様にも「御社のヨミ表を見せてもらえますか？」と言ってしまう。

ただ、このネーミングが絶妙なのか、お客様先でも「ヨミ表」という言葉が社内言語になってしまうことがある。この「ヨミ表」という言葉に込められた「ヨム」という概念がしっくりくるのだと思う。

「ヨム」という言葉には、文章を読む、歌を詠む、という意味以外に、選挙で票をヨム、相手の心をヨム、将棋などで十手先をヨムのように、**先の展開を論理的に推測するという意味でも使われる。**この意味合いが、まさしく営業活動に求められる要素なのだ。

つまり、「ヨミ表」とは、営業チームやメンバーが営業目標を達成するために用いる、「達成シミュレーションツール」と言える。

01

Sales Forecasting Management

「ヨミ表」の基本構造

あるホテルの宴会営業の事例をもとに、「ヨミ表」の基本構造について説明しよう。
ここでいうホテルの宴会営業とは、婚礼以外の用途で企業や団体が宴会・イベント・会議・セミナー等をする際に、ホテルの大小様々ある宴会場の活用を提案する営業（俗にいう、バンケット営業）のことを指すことにする。

次ページの図に示す、ホテル宴会営業の「ヨミ表」例を見て欲しい。これは4月24日時点の、宴会営業1グループの佐藤太郎さんの状況だ。ちなみに、このホテルでは、毎週この「ヨミ表」を更新して営業グループで共有し、翌週のアクションプランを立てている。

▶「ヨミ表」の基本構造

ホテル宴会営業の「ヨミ表」例

●●年4月24日時点　　部署：宴会営業 1G　　氏名：佐藤太郎　　単位：万円

I：集計欄	4月	5月	6月	第1Q合計	7月	8月	9月	第2Q合計	上期合計
目標	100	200	200	**500**	300	350	350	**1000**	**1500**
受注済 合計	100	150	100	**350**	100	0	0	**100**	**450**
A ヨミ 合計		50	80	**130**	100	50	100	**250**	**380**
B ヨミ 合計			100	**100**	200	250	100	**550**	**650**
C ヨミ 合計				**0**		100	250	**350**	**350**
〈残数字〉									
(受注済＋Aヨミ)ー目標	0	0	▲20	**▲20**	▲100	▲300	▲250	**▲650**	**▲670**
(受注済＋A＋Bヨミ)ー目標	0	0	80	**80**	100	▲50	▲150	**▲100**	**▲20**
II：案件一覧									
受注済案件									
U 社キックオフイベント		150	100	250	100			100	350
A 社入社式	100			100				0	100
Aヨミ案件									
D 社管理職研修　20回分		20	80	100	100	50	20	170	270
E 社立食パーティー				0			80	80	80
H 社開発部門懇親会		30		30				0	30
Bヨミ案件									
C 社決算説明会			20	20				0	20
R 社新製品反則セミナー			80	80	200	250	100	550	630
Cヨミ案件									
L 社30周年記念パーティー							235	235	235
市役所観光イベント					100			100	100
K 高校同窓会							15	15	15
●仕込み案件									
F 社代理店会議									
G 社販売パートナーイベント									
T 大学○○学会									

III：次の一手

◎Aヨミ：D社の契約書の修正手続きを完了させる
◎Bヨミ：「K社新製品販促セミナー」の値段交渉の妥結に向けて再見積提示
◎仕込み活動：① F社のキーパーソンを代理店からヒアリング
② G社が現在会場としている競合ホテルの視察
③ T大学の窓口担当を知人を通して紹介をもらう

■上段Ⅰ：集計欄について

まず縦軸は、

◎上から営業目標数字、受注済で数字が確定している案件、次に受注確度の高い順番に「Aヨミ」「Bヨミ」「Cヨミ」とランク分けした案件の合計数字が入る。

◎〈残数字〉とは、目標達成までに必要な数字だ。目標達成までに、まだ残っている数字があるぞ、という場合には▲印がついている。受注済と確度の高いAヨミまでの案件を受注した場合の差分と、Bヨミ案件も含めて受注した場合の差分の2種類を表示している。

※Aヨミ、Bヨミ、Cヨミの定義については、後ほど詳しく述べる。

次に横軸は、ご覧のとおり各月の数字、第1四半期、第2四半期、上半期の合計値が表示される構造だ。

■中段II：案件一覧について

受注済案件名と、Aヨミ、Bヨミ、Cヨミに該当する商談中の案件名を列記し、売上計上できる月に数字を記入するものだ。エクセルファイルを使って計算式を埋め込んでおけば、各月の集計が「上段I：集計欄」に表示される構造だ。

例として挙げている宴会営業1Gの佐藤太郎さんの「ヨミ表」を見てみよう。

4月24日時点で、4月の目標はすでに達成し、5月もAヨミのD社とH社の案件が予定通り受注できれば達成できることがわかる。6月もC社かK社のいずれかが受注できれば達成で、第1四半期の達成が見込めそうだ。期初の滑り出しは上々と言える。

このように、**案件一覧に列挙されている営業中の案件を俯瞰し、「短期的な営業目標を達成するためには、どの案件に注力すればいいか？」というシミュレーションをするイメージだ。**

では、第2四半期に目を移してみよう。6月にK社が受注できれば一定期間継続的に売上が立つから7月の達成が見えてくる。しかし、もしK社が失注に終わると、あとは「受注額100万円の市役所観光イベント」を、確度Cヨミのレベルからランクアップして受注しないと達成できないことがわかる。さらに8月9月は、仮にK社を受注しても手持ちの商談案件だけでは心許ないことが見て取れる。

このように、**中期的な観点も踏まえて現在の営業状態を見える化することで、早めに追加案件を仕込んでおく必要性を認識することができる。案件一覧に「仕込み案件」の項目を設定し、今後のアプローチ先リストを記入することで、先手先手の仕込み活動を促しているのだ。**

■下段Ⅲ：次の一手について

限られた営業日数の中で、効率的に〈残数字〉を埋めるためには、受注確度と売上規模を勘案し、営業中の案件に対するパワー配分を考える必要がある。また、短期的な目標だけでなく、中期的視点をもった仕込み活動にも一定のパワーを割かなければならない。頭ではわかっているが、緊急度が低い活動は後回しになりがちだ。

そこで、このホテルでは週次で実施する営業ミーティングにおいて、翌週に実施する**営業活動の優先順位を「次の一手」の欄にメンバーが記入し、上司とすり合わせすることに**

している。

図に示す宴会営業1Gの佐藤太郎さんの場合では、

1. 5月目標の達成を確定させるために、AヨミのD社の契約書の修正手続きを完了させること。

2. 上半期の業績を左右する大型案件であるK社の商談を確実に受注できるように進めること。

3. 余裕のある4月5月のうちに、第2四半期に向けての仕込み活動を、F社、G社、T大学に対して行うこと。

この3点を最優先事項として書いている。

記入する際のポイントは、例示のように具体的なアクションプランとして書くことだ。このように書くことで実践イメージが湧き、さらに必要となる労力がわかってくるからだ。このように「次の一手」を書くことはすなわち、**営業メンバー自身が営業状況を俯瞰して**

▶「ヨミ表」の基本構造

ホテル宴会営業の「ヨミ表」例

●●年4月24日時点　部署：宴会営業1G　氏名：佐藤太郎　単位：万円

Ⅰ：集計欄	4月	5月	6月	第1Q合計	7月	8月	9月	第2Q合計	上期合計
目標	100	200	200	500	300	350	350	1000	1500
受注済 合計	100	150	100	350	100	0	0	100	450
A ヨミ 合計		50	80	130	100	50	100	250	380
B ヨミ 合計			100	100	200	250	100	550	650
C ヨミ 合計				0		100	250	350	350
〈残数字〉									
(受注済＋Aヨミ)－目標	0	0	▲20	▲20	▲100	▲300	▲250	▲650	▲670
(受注済＋A＋Bヨミ)－目標	0	0	80	80	100	▲50	▲150	▲100	▲20
Ⅱ：案件一覧									
受注済案件									
U社キックオフイベント		150	100	250	100			100	350
A社入社式	100			100				0	100
Aヨミ案件									
D社管理職研修20回分		20	80	100	100	50	20	170	270
E社立食パーティー				0			80	80	80
H社開発部門懇親会		30		30				0	30
Bヨミ案件									
C社決算説明会			20	20				0	20
R社新製品販促セミナー			80	80	200	250	100	550	630
Cヨミ案件									
L社30周年記念パーティ							235	235	235
市役所観光イベント					100			100	100
K高校同窓会							15	15	15
●仕込み案件									
F社代理店会議									
G社販売パートナーイベント									
T大学○○学会									

Ⅲ：次の一手

◎Aヨミ：D社の契約書の修正手続きを完了させる
◎Bヨミ：「K社新製品販促セミナー」の値段交渉の妥結に向けて再見積提示
◎仕込み活動：①F社のキーパーソンを代理店からヒアリング／②G社が現在会場としている競合ホテルの視察
③T大学の窓口担当を知人を通して紹介をもらう

Ⅰ
Ⅱ
Ⅲ

Ⅰ：集計欄

各月の目標数字と受注確度の高い順にランク分けした案件の合計数字、目標達成までに必要な数字を集計して表示。

Ⅱ：案件一覧

受注済案件名と、Aヨミ、Bヨミ、Cヨミに該当する商談中の案件名を列記し、売上計上できる月に数字を記入。

◎**案件を俯瞰し、「短期的な営業目標を達成するためには、どの案件に注力すればいいか？」というシミュレーションをする**

◎**中期的な観点で、案件を早めに仕込んでおく必要性を確認する**

Ⅲ：次の一手

効率的に〈残数字〉を埋めるために必要となる具体的なアクションプランを記入する。

◎**営業状況を俯瞰して捉え、残された時間の中でのパワー配分を考え、タスクを整理して優先順位付けする思考習慣を身につける**

捉え、残された時間の中でのパワー配分を考え、タスクを整理して優先順位付けする思考習慣を身につけることなのだ。

ここまで、「ヨミ表」の基本構造について解説してきた。このあとは、「ヨミ表」に込められた「ヨム」という概念について説明したい。

02

Sales Forecasting Management

確度を「ヨム」

それぞれの営業メンバーが主観的な判断で「ヨミ」を立ててもその精度は揃わない。前述した通り、「ヨム」という言葉は、先の展開を論理的に推測するという意味だ。

そこで、「ヨミ表」を運用する上での最初のポイントは、Aヨミ、Bヨミ、Cヨミと表現される受注確度の認識を揃えることだ。言い換えると、受注や成約を当面のゴールとするならば、**現時点での商談の進捗度を示す客観的な判断基準をつくることだ。**

もちろん、営業目標の設定が納品金額で、納品時に計上されるルールならば、そこをゴールとして、進捗度の判断基準を決めるのでもよい。

では、Aヨミ、Bヨミ、Cヨミの判断基準を決める際の留意点についてお伝えしたい。

結論から言えば、お客様の購買心理を表す反応や言動を判断基準にすることだ。

「第1章〝ゆる〜い〟営業現場のマネジメントツール」の中の図で例示したように、進捗状況の項目に、「提案書作成中」「見積提示済み」「デモ日程調整中」など、営業側が主語で行っている言葉で判断しているところは要注意だ。

営業側が、「お見積は無料ですから、この後お送りするのでお目通しください！」と、お客様に伝えている状況と、

お客様から、「これから社内で決裁をとる手続きをするので、正式な見積書を送ってもらえますか？」

と依頼されて、お見積をお送りするのとでは、商談の受注確度はかなり違うはずだ。

もちろん、客観的に商談の進捗確認ができるのは、後者の方だ。

次に、Aヨミ、Bヨミ、Cヨミの定義の参考例をご提示したい。実際に運用する場合は、各社の営業特性によって定義の表現は変わると思うが、私がお手伝いしたお客様の場合は、次のような定義になっていることが多い。

そして、ヨミの定義だけでなく、営業メンバーに伝えるべき役割行動についても述べておきたい。

【Aヨミの定義（例）】

事務的に必要な手続き（契約書や申込書などの捺印作業など）が残っているが、お客様が発注してくれることは確定している。

ご覧のとおり、Aヨミは非常に確度が高い定義だ。上司やチームに「Aヨミです」と伝えると、**確定している数字として読み込まれるので、とても責任を伴う報告となる。**つまり、「確かに、Aヨミだ」と確信するための裏付けが必要になることも営業メンバーに伝えることが必要なのだ。

例えば、「これから社内で決裁をとる手続きをするので、正式な見積書を送ってもらえますか」と、お客様から言われたとしよう。

「やった！　これで受注確定だー」と、お客様の言葉を鵜呑みにするのではなく、「ご決裁される役員の方は、すでにご了承済みですか？」とか、「手続きの過程で、差し戻しになるような懸念点はありますか？」といったやりとりをする必要性を伝えることだ。

お客様から、「いやいや、大丈夫だよ。根回しも終わっているし、役員の内諾も得ているから、あとは形式的な手続きだけだよ」という言葉を確認できれば、「確かに、Aヨミだ」と確信できる。

お客様の購買心理を表す反応や言動を判断基準にせよ、という意味はこういうことである。

【Bヨミの定義（例）】

お客様（少なくとも起案する担当者）は、当社の提案内容で進めようとしているが、まだ懸念点（金額が少し高い、周囲に反対者がいるなど）があり、その懸念点を解消する提案を求められている状態。

このように「Bヨミ」を定義した場合、お客様に確認すべきことは、具体的な懸念点だ。

例えば、

「このまま決裁の手続きに入ると、差し戻しになるような懸念点はありますか？」

「〇〇さんが、起案される上で気になることはありますか？」

と聞いてみる感じだろう。すると、障害となっている事象が返ってくるはずだ。

ここでポイントとなるのは、お客様は発注しようとする前提で、「ココは、何とかならないかなあ」と言っているかどうかの確認だ。そこをメンバーに伝えることが重要だ。

常套句としては、

「どのようなお手伝いをすれば、解決できますか？」と尋ねることだ。

例えば、お客様から、

「予算内に収まれば上司の説得はできるから、○○万円以内になんとか調整してもらえないかな」

「説明会の場は、ちゃんとセッティングするから、ウチの技術部長が納得するように、セキュリティー対策がしっかりとできていることを説明してくれたら助かるんだけどね」

というように、自分も努力するから営業側も協力して欲しいという言動がでてくると、お客様は発注する前提であることが確認できる。

つまり、お客様との協働体制が築けた上で、発注に向けての相談事項がお客様から持ちかけられたら、もうあと一歩のところまで来ていると判断できるということだ。

【Cヨミの定義（例）】

お客様は、こちらの商品やサービスに興味関心を示し、提案をしてもらいたいと思っている状態（単なる情報収集目的ではなく、商談化したと言える状態）

このような購買心理の状態を平たく言えば、「お客様が、前のめりになった」状態だ。ただし、この「前のめり状態」の判別は難しい。

例えば、

「とてもユニークな商品ですね。社内の関係者で検討してみますよ」

と言われたとしたら、

「おっ、好感触！　商談化した！」

と思うかもしれない。

ここでポイントとなるのは、お客様は提案を希望しているかどうかの確認だ。

例えば、

「貴社での活用方法や費用面のご提案をさせていただきたいのですが、もう少し関係者の方に詳しい状況をヒアリングさせてもらえますか？」

▶ヨミの定義例

Aヨミの定義例
事務的に必要な手続き（契約書や申込書などの捺印作業など）が残っているが、お客様が発注してくれることは確定している。

Bヨミの定義例
お客様（少なくとも起案する担当者）は、当社の提案内容で進めようとしているが、まだ懸念点（金額が少し高い、周囲に反対者がいるなど）があり、その懸念点を解消する提案を求められている状態

Cヨミの定義例
お客様は、こちらの商品やサービスに興味関心を示し、提案をしてもらいたいと思っている状態（単なる情報収集目的ではなく、商談化したといえる状態）

⬇

上記の定義に則して、A〜Cヨミの判断をする場合には、
お客様の反応や言動を判断基準にせよ！

というような、提案に向けての協力を合意してもらえるかどうかを確認する方法もある。

「いやいや、まだそこまでは……もう少し検討してこちらからご連絡しますよ」と言われたら、「商談化した」とは言いづらい。

このように「確度をヨム」ことができるようになるためには、Aヨミ、Bヨミ、Cヨミの定義づけを行うだけでなく、その定義に当てはまるお客様の反応、言動を引き出し、確認するコミュニケーションとセットで、メンバーと認識を合わせる必要があるのだ。

03

Sales Forecasting Management

時期を「ヨム」

次は、時期をヨムためのポイントについてお伝えしたい。

一見、簡単なように思えるが、この時期がズレることは非常に多い。お客様が、「○月くらいに実施できたらいいと思っています」という言葉を額面通りに受け取っているだけでは心許ない。

ポイントは2つだ。

1. その時期であることのお客様側の理由、必然性が言えること

2. その時期から後ろ倒しになることによる、お客様にとってのデメリットが言えること

例えば、ホテルの宴会営業において、C社の株主に対する決算説明会の時期を「6月ヨミ」と置いていたとしよう。その必然性について、

◎例年6月に実施しており、ホームページでも告知済みである。
◎日程を後ろ倒しにするのは、IRの観点からもC社にとってデメリットが大きい

という理由をお客様とのやりとりから、確認できていればOKだ。


つまり、営業メンバーと時期のヨミをすり合わせる際には、

「L社の30周年記念パーティーを〝9月ヨミ〟にしているけど、その理由は？」

と聞いてみることだ。

「L社創立記念日が9月で、かつ9月末決算のため、今期の予算で消化する前提なので、後ろ倒しになることは無いです」

という返答があれば、ヨミの精度は高いと言える。

一方、

「チームの目標達成のためにも、9月には実施してもらおうと思ってます！」

という気合いの入った回答をするメンバーもいると思う。営業担当が時期に対して意思を持つことは大事だが、それだけが基準になっている場合は、ヨムということにはなっていない。

04

Sales Forecasting Management

金額を「ヨム」

金額をヨムためのポイントは次の2つだ。

1. その金額の算出根拠が言えること
2. その根拠に、お客様側の都合、前提となる条件があること

同様に、ホテルの宴会営業の例で説明すると、

C社　決算説明会の場合「竹の間」で見積り、20万円というヨミを立てているとしよう。

その算出根拠とは、「竹の間」で見積もった理由だ。

例えば、

◎例年の決算説明会の参加者は100名程度で、今年もその人数を予定している
◎もし、その人数を上回る場合は、ネット配信で対応する準備がある
◎もし、100名を大きく下回る可能性が出てきた場合でも、対面上小さな会場にはしない意向がある

このような理由をお客様とのやりとりから、把握できていれば金額のヨミの精度は高いと言える。つまり、ヨミとして立てた金額から上ブレも、下ブレもしないという根拠が言えればOKだ。

営業担当がニーズを引き出し、提案を膨らませていくことは大事だが、その思いだけで金額が膨らんでいる場合がよくある。繰り返しになるが、「ヨム」とは、先の展開を論理的に推測するという意味だ。よって、根拠が重要となる。

だが、CヨミやBヨミレベルだと、商談を詰め切れていないため、根拠が薄い場合がある。そのような場合は、**一旦は手堅くヨメる数字を入れておくことが望ましい。商談が進み、要件が固まってきたら、更新していけば良いのだ。**

05

Sales Forecasting Management

次の一手を「ヨム」

よくありがちな「次の一手」の例として、次のような書き方をしている営業メンバーがいる。

× D社の早期クロージング
× K社の値段交渉を乗り切る
× 新規案件の開拓を急ぐ

このように、「次の一手」の内容が抽象的な表現になっている場合、やるべきことが明確になっておらず、実行イメージが湧いていないことが非常に多い。そして、これらの一手は、実行されずに時間だけが経過してしまうことになりがちだ。

「次の一手」をヨムためのポイントは次の2つだ。

1. 具体的なアクションプランとなっていること
2. 残された時間の中でのパワー配分を考え、優先順位付けされていること

例えば、「D社の早期クロージング」を、具体的なアクションプランにするとは、どうすることなのか?

次のように、やるべきタスクが細分化され段取りが組まれる。

①契約書で、認識が合っていない点を列挙して、お客様に確認する
②修正案を法務部門と確認して、再提示する
③お客様に返答期限を伝えて、回答をもらう

そして、①は最優先で明日までに実施する、というように期限が設定されていたら、実行イメージを持っていると言える。つまり、この先の手順をヨムことができているという

▶次の一手を「ヨム」ポイント

1. 具体的なアクションプランとなっていること

2. 残された時間の中でのパワー配分を考え、優先順位付けされていること

「次の一手」が、抽象的な表現になっている場合、実行イメージが湧いていない場合が多い

✕ D社の早期クロージング
✕ K社の値段交渉を乗り切る
✕ 新規案件の開拓を急ぐ

⬇

①契約書で、認識が合っていない点を列挙して、お客様に確認する
②修正案を法務部門と確認して、再提示する
③お客様に返答期限を伝えて、回答をもらう

やるべきことを具体的に段取り、優先順位づけして、
実行イメージを持てていたら、「次の一手」をヨムことができている

ことだ。

前述の「ヨミ表」の例として挙げている宴会営業の部署では、この先1週間以内に実行することだけを、「次の一手」として記入することにしている。先の段取りは考えるものの、やってみると違った展開になる場合もある。その場合は、来週の会議まで「次の一手」をヨミ直して更新することにしている。

そうすることで、**やるべきことを具体的に段取り、優先順位付けし、期限を定めて実行し、結果に応じて修正する、いわゆる「小さなPDCAを回す思考習慣」を促しているのだ。**

ご存知のとおり営業の仕事は、仕掛り中の商談案件を進めることだけではない。営業数字を創り出すためには、概ね次に挙げる3つの活動を並列に進める必要がある。

1. 受注した案件の納品活動
2. 商談を前に進め受注する活動
3. 新規案件の仕込み活動

皿回しに例えると、これらの3つの皿が落ちて割れないようにバランスよく回し続けることが、好業績を維持する秘訣だ。

もちろん、これ以外にも社内勉強会の資料づくりや後輩の指導、上司からの突然の仕事依頼など、営業以外の仕事もあるだろう。このように、いろんな仕事を並行して行いながら、掲げた目標を達成するために、

◎どの活動に、どの程度のパワーを配分すればいいか？
◎どのような順番で実施すれば効率的か？

ということを考え実行に移していく力は、営業職だけに求められるものではない。むしろ、公私を問わず物事を進めていく上で必要となる基本スキルだ。コンピュータのソフトウェアに例えるならば、オペレーティングシステム、いわゆるOSだ。このOSを早い段階から鍛えてきた人は、概ねどんな仕事をしても、速くて精度が高い。OSのバージョンがどんどんアップグレードされているので、どんなアプリを載せてもサクサク動くのと同じだ。

ただし、この基本スキルは、マニュアルのように教えてできるようになるものではない。試行錯誤しながら感覚をつかみ、自分でセオリーを見出していくものだ。

話を元に戻すと、ヨミ表において、「次の一手」をヨムという作業をすることで、この基本スキルが自然と身に付いてくるのだ。

「ヨム」ことがもたらす行動変容

ここまで、「ヨミ表」に込められた4つの「ヨム」という意味合いについて伝えてきた。

「ヨミ表」というフォーマットを設計し、「ヨム」という概念を営業チーム内ですり合わせることでコミュニケーションの構造が変わる。

具体的には、**「確度」「時期」「金額」「次の一手」という観点を意識した、お客様とのやりとりや社内での報連相が変わるのだ。**

また、4つの「ヨム」という概念は、事業を営む経営者ならば、商売を継続させていくためには欠かせない思考活動だ。「ヨム」とは、先の展開を論理的に推測する思考活動だからだ。つまり、個々の営業メンバーが自律的に「ヨム」という思考活動ができるようになり、そして実行を繰り返すことでその精度が高まれば、立派な個人事業主のレベルに達していると言える。

マネジメントツールを変えることで、従来の行動パターンから徐々に変わり始め、さらには、営業メンバーが「ミニ経営者」に変わると、冒頭にお伝えした趣旨は、ご理解頂けたと思う。

第3章

営業メンバーを「ミニ経営者」に変える3つのマネジメント

これまで、「ヨミ表」を設計するためのポイント、およびヨミの基準を合わせるポイントについて述べてきた。次は、実際に「ヨミ表」を活用し、営業メンバーを「ミニ経営者」へと育成していくための３つのマネジメント方法についてお伝えしたい。

ここで改めて、「ミニ経営者」という言葉を使う意図について述べておきたい。

「経営者」という言葉には多くの意味が含まれる。ここでは自分が個人事業主となり、自力で事業継続できる商いの力をつけることを意味している。

先に、そのマネジメント方法の結論をお伝えすると、次の３つである。

1. 確度・時期・金額を頻繁に更新させ、残数字を確認する
2. 残数字を埋める案件と次の一手を確認する
3. 新規案件の仕込み活動を確認する

この３つのマネジメントを、メンバーと１ｏｎ１で行う「ヨミ会」という手段で育成する手法をこの後、詳しく述べていきたい。

01

Sales Forecasting Management

確度・時期・金額を頻繁に更新させ、残数字を確認する

「残数字」をメンバーに認識させることが第一歩

「残数字は、あといくら？」とメンバーに聞いて、即答できない場合は、「ヨミ表」を活用できていない証拠だ。言い換えると、

「自分の目標額はいくらか？」

「現時点で、どこまでいけそうか？」

この2点のどちらか、もしくは両方を認識していないということだ。

後者はともかく、前者の「自分の目標額を認識していない」なんてあるのか、と思われ

るかもしれないが、私のコンサルティング経験ではかなり存在する。ぜひ、実際に営業メンバーに聞いてみて欲しい。

「えーと、ちょっと待ってくださぃ……」と言いながら、PCを立ち上げて確認し始めたら、要注意だ。私は、意地悪くメンバーを追及せよと言っているわけではない。この後にも述べるが、営業メンバーとのやりとりには、パワハラ的な要素は禁物だ。

私がここで伝えたいメッセージは、「残数字」を営業メンバーに認識させることが、「ヨミ表マネジメント」の第一歩であるということだ。なぜなら、メンバーの意識と行動を変えていくための起点になるからだ。

では、営業メンバーが「残数字」を即答できない原因は何か？

◎**1つ目は、商談を終えるごとに、確度・時期・金額を更新する習慣になっていないからだ。**

お客様とやりとりをすれば、確度・時期・金額に関する情報が得られるはずだ。例えば、商談が進めば「確度のヨミ」のランクがアップする、失注が確定すれば「ヨミ表」から該当案件を削除しなければならない。当初の予定時期が後ろ倒しになれば、修正しなければならないし、思いがけずお客様から新たなご相談があれば、新規案件のヨミ情報の追記が必要だ。

私は、仕事上、数多くのハイパフォーマー（好業績者）へのインタビューを行ってきたが、その方々は、営業の合間や一日の終わりに、これらの情報をアップデートして、改めて現状を俯瞰し、目標達成に向けての「次の一手」を考えるというルーティンワークが身についている。「残数字」が即答できないメンバーは、それが習慣化されていないのだ。

◎2つ目は、確度・時期・金額をヨムために必要な情報をヒアリングできていないからだ。そのために、情報の更新ができず曖昧な数字のままになってしまうのだ。

では、「ヨミ表」の更新を習慣づけ、ヨミ情報のヒアリングを意識付けるためには、どうすればいいか？

ぜひ、お勧めしたいのは、合間を見つけてメンバーと行う「ヨミ会」だ。

「ヨミ会」には、①営業チームで行うヨミ会と、②メンバーと1対1で行う面談、最近のトレンドである〝1on1ミーティング〟の2つがある。この場では、②メンバーと1on1で行う「ヨミ会」について詳しく述べていきたい。

メンバーへの「問いかけ」によって、「ヨム」力を鍛える

人は、「問い」を立てられることによって考え始める。何事においても、自力で問題解決をしていける人は、自分に対して「問い」を投げかけ続け、深く思考を巡らし結論を出す力を持っている。いわゆる「自問自答」の筋トレがしっかりとできている人だ。

ただ、自分に対して「問い」を投げかけ続けることはかなり難しい。最初は、そこを上司がサポートすることで、結論の導き出し方を教えてあげることが必要なのだ。

つまり、「この案件は、Aヨミではなくて、まだBヨミだよ」と結論を教えるのではなく、**メンバーに対して問いかけ思考を促すことで、ヨミの精度を高めるためのプロセスを教える必要があるということだ。**

「確度をヨム」力を鍛えるための「問いかけ」

よくありがちな、鍛えることにつながらない典型例は、次のようなやりとりだ。

上　司：「今日の商談どうだった？」

メンバー：「バッチリでした！　お客様はノリノリで、少し社内的な説得は必要ですが、ウチの商品で決裁を取りに行く感じでした。Bヨミです！」

上　司：「おお、それはいい感じだな。頑張れよ！」

このやりとりの問題点は、メンバーの主観的な感想を聞くだけの報告で終わっていることだ。この報告内容だけでは、「Bヨミ」だという根拠はどこにもない。

第2章で述べたとおり、「確度をヨム」時のポイントは、**Aヨミ、Bヨミ、Cヨミの定義に当てはまるお客様の反応、言動を引き出し、確認することにある。**

例えば、「今日の商談で、お客様はどんな反応だった？（どんなことを言っていた？）」

というように、実際のお客様の言動を確認する問いかけを行うことが有効だ。

するとメンバーから、

「担当者は、『御社の商品を起案して導入したい』と言ってくれましたが、先方の『技術部門から他の商品情報との比較検討が不十分と言われているので、まだわからない』とのことです」と言った、お客様の反応の事実情報を確認することができる。

今度は、上司側から、

「その事実情報を踏まえると、確度のヨミのレベルをどう判断する？」

と、メンバーに対して問いかけていく感じだ。

最初は、このような問いかけを粘り強く繰り返すことで、メンバーの思考は次のように深まっていくはずだ。

例えば、Bヨミを、

「お客様（少なくとも起案する担当者）は、当社の提案内容で進めようとしているが、まだ懸念点（金額が少し高い、周囲に反対者がいるなど）があり、その懸念点を解消する提案を求められている状態」と定義していたとしよう。

「確かに、担当者は当社の提案内容で進めようとしている一方で、まだ懸念点がある。でも、競合商品より優位性を示す提案を求められているわけではない……」

「ということは、担当者はその気でも、技術部門の見解次第でどう転ぶかまだまだわからないから、現時点はBヨミではなくCヨミだな」

「もっと担当者と二人三脚の関係を築いて、『技術部門が重視するポイントはココだから、その点をアピールするデータが欲しい』という依頼がもらえるところまで商談を詰めないといけないな」

このようなレベルまで自問自答ができるようになれば、「確度をヨム」力は鍛えられてきていると言える。**「なぜ、その確度でヨムのか？」という根拠を、お客様の反応や言動に基づき論理的に説明できるからだ。この根拠の説明が、上司が求めているレベルとすり合ってきたら、「問いかけ」のトレーニングは終了だ。**

「時期や金額をヨム」力を鍛えるための「問いかけ」も同じだ。

2章で述べたとおり、「時期をヨム」ポイントは、

1. その時期であることのお客様側の理由、必然性が言えること

2. その時期から後ろ倒しになることによる、お客様にとってのデメリットが言えること

また、「金額をヨム」ポイントは、次の2つだ。

1. その金額の算出根拠が言えること

2. その根拠に、お客様側の都合、前提となる条件があること

つまり、時期や金額のヨミも、この2つの根拠をお客様からの事実情報に基づいて、説明ができれば合格だ。

合格ラインに引き上げていくためには、この2点について、メンバーに対して問いかけ考えさせることだ。**そうすることで、お客様から十分な情報を引き出せていないことに、**

メンバーは気づくはずだ。

そして、

◎「ヨム」ためには、どんな情報が必要となるのか?

◎そのためには、どのようにヒアリングすればいいのか?

◎お客様とは、どのような関係を築けばいいのか?

と言った、「問い」を自ら立てられるようになってくる。こうなると、シメたものだ。**能動的に上司や先輩にアドバイスを求めに来たり、日々の営業活動のなかで試行錯誤を繰り返しながら、自力で答えを見出そうとするからだ。**

このようなプロセスを経ることで、「ヨム」力は鍛えられてくる。

3つのマネジメントのうちの1つ目となる、確度・時期・金額を頻繁に更新させ、残数字を確認するマネジメントとは、1on1で行う「ヨミ会」という場での「問いかけ」を通して、「ヨム」力を鍛えていくことなのだ。

▶営業メンバーが「残数字」を即答できない原因

❶商談を終えるごとに、確度・時期・金額を更新する習慣になっていないから

❷確度・時期・金額をヨムために必要な情報をヒアリングできていないから

⬇

メンバーと1on1で行う「ヨミ会」という場で、
メンバーへの「問いかけ」を通して、「ヨム」力を鍛える

⬇

「残数字」の精度が上がり、達成意欲が高まる

そして、このマネジメントが機能し始めると、「残数字」の精度が上がってくる。この効果は非常に大きい。

「あと何周すれば、今日の練習は終わりだ！」と言われると、頑張ろうと思うのと同じで、ゴールまでの距離が明確になると、達成意欲が格段に高まってくるのだ。

02

Sales Forecasting Management

残数字を埋める案件と次の一手を確認する

「残数字」の精度が高まってくると、次は、その数字をどの案件で埋めていくか、そこに意識を向けさせていく問いかけが重要となる。

「○○さんは、月末までの2週間で、どの案件で（残数字を）埋めようと考えているの？」

という問いかけだ。

1つ目のポイントは、時間という制約条件を入れて問いかけることだ。そうすることで、優先順位という概念が身につくからだ。

よくあるケースとして、仕掛かり中の商談すべてを同じパワーをかけてやろうとしたり、誰かからオーダーされたものを、優先的にやろうとすることがある。その場当たり的な思考を変えていくためには、ゴールまでの距離と残された時間を意識付けることが先決だ。

2つ目のポイントは、残された時間で、「残数字」を埋めるためのアクションを具体的に掘り下げて確認することだ。第2章でもお伝えした通り、やるべきタスクが細分化され、段取りが組まれ、期限が設定されていたら「次の一手」の実行イメージを持っていると言える。

このアクションの具体性と優先順位付けは、相互に関連している。優先順位付けには、次の2つの意味合いがある。

❶ どの活動に、どの程度のパワーを配分すればいいか？

❷ どのような順番で実施すれば効率的か？

この2つの判断は、タスクが細分化され具体化されていないとできないのだ。

例えば、あなたの営業メンバーが「次の一手」の項目に、

◎ X社への提案

と書いてあったとしたら、これはより細分化する余地がある。一例としてみて欲しい。

①提案日を決めて、お客様にアポをとる

②提案書の表紙と目次をつくる

※一般論だが、提案書作成の場合、この表紙と目次を作ると、提案の目的が明確になり、作成作業が細分化されることが多い。いわゆる、デキる人のやり方をインタビューすると、この作業をやることで、その後の作業内容の難易度とボリューム感を計算している。

③「現状の整理・ご要望の確認」ページの作成

※これも一般論だが、提案書の冒頭には、このようなタイトルの内容が配置されることが多い。これもデキる人のやり方をインタビューすると、お客様との商談が終わるとすぐにヒアリングメモを見ながら、この項目のページを下書きレベルでサクサクと作っていることが多い。この内容を整理することで、目次のページが作成でき、類似資料を検索したり、人から提供してもらうことができるようになる。

④過去の類似内容の提案書と、見積資料の収集

⑤技術部門への数値の確認と工数見積依頼

⑥上司への提案内容と見積金額のチェックを依頼

⑦提案内容の最終確認と印刷作業

このようにタスクの細分化ができると、③の下書き作業を真っ先にやると、②や④の作業がしやすくなるというように、効率化のための作業手順がつけられるようになる。そして、自分が一番力を注がなければならないことと、人の力を借りることで省エネできることとのパワー配分も見えてくる。

営業職に限らずこのような物事を進めていく上で必要となる基本スキルを、これまでの職務経験の中で鍛えられてこなかった人や若手社員は、この作業を自力ですることができない。私の経験上でも、業績が低迷している人の特徴としては、タスクを細分化して、優先順位をつけてやり切る、という筋力が弱い。

この筋トレには、「ヨミ表」の「次の一手」の項目内容を見ながら、問いかけて考えさせていくことが有効だ。

よくやってしまいがちなのは、

「提案のアポは、もう取ったのか?」

「その前に、技術に確認とったの?」

と、やることを先取りして、詰めてしまう上司がいる。これだと答えを言ってしまっていて、メンバーの思考が停止してしまう。

シンプルに、次のように問いかけることをお勧めしたい。

「〇〇さん、『X社への提案』は、まずは何から手をつけようか？」

この問いかけによって、タスクを細分化する思考ができるようになってくる。

最後に、**3つ目のポイントは、他者の力を借りることをアドバイスすることだ。**

ここで述べてきた、タスクを細分化して、優先順位をつけてやり切る、という筋力が弱いメンバーは、なんでも自分ひとりでやろうとして仕事を抱え込んでしまう傾向がある。

言い換えると、他者の力を借りる、人に依頼する、助けを求めるということが苦手なのだ。

自分でできることには限りがある。不慣れなこと、不得手なことは自ずと後回しになる。人に仕事を依頼することができないと、並列処理ができずスピードが落ちる。結果として「やりきる」ことができないのだ。

このようになってしまう背景には、

1. 人に依頼できるタスクがわからない

2. 特に、若手や業績が低迷しているメンバーは、遠慮や後ろめたさがある

この2つが、ブレーキ要因になっていることが多い。

よくある例としては、受注した案件の納品活動において、連携する部署の人との協働作業がうまくいかず、一人で抱え込むケースだ。

前者の「依頼できるタスクがわからない」場合は、タスクの細分化ができていないことから、人に依頼する部分の切り出しができない、という状況になっていることが多い。よって、先ほどお伝えしたとおり、「まずは何から手をつけようか？」「次は、どうする？」という具合にサポートすることが有効だ。

後者の「遠慮や後ろめたさ」がブレーキになっている場合は、心理的な要因なのでアプローチは異なってくる。

このような場合は、

「彼女に教えてもらえ、彼に手伝ってもらえ」「自分からもお願いしておくから」

というように、最初は上司が助け舟を出すことが望ましい。 その最初の一歩の背中を押

▶次の一手を確認するときのポイント

❶時間という制約条件を入れて問いかける

優先順位という概念が身につく

❷アクションを具体的に掘り下げて確認する

やるべきタスクが細分化され、段取りが組まれ、期限が設定されていたら「次の一手」の実行イメージを持っている

❸他者の力を借りることをアドバイスする

特に、若手や業績が低迷しているメンバーは、一人で抱え込む

人に依頼できるタスクがわからない／遠慮や後ろめたさがある

⬇

適切に人の力を借りる術を身につけさせ、社内外の資源をフル活用することでブレイクスルーできることを経験させる

すことで、心理的ハードルがなくなってくる。

そして、人に助けてもらったら、今度は相手が欲していることを掴み、お返しする作法をアドバイスすることも重要だ。

人との協働関係を築く経験を促し、適切に人の力を借りる術を身につけさせることが有効な対処法である。

人との協働関係を築くことができると、自分以外にも活用できる人的資源があることに気づき、仕事の幅が広がり、処理能力が一気にアップする。

このように、「残数字を埋める案件

と次の一手を確認する」というマネジメントは、単に目先の目標数字を達成するための一手を考えさせるだけに終始するものではない。**ゴールまでの道のりが遠くて険しいとメンバーが思っている時こそ、社内外の資源をフル活用することでブレイクスルーが可能になり、もっとスケールの大きな仕事ができるという実体験をさせる場でもある。**

繰り返しになるが、経営者は、ヒト・モノ・カネという資源をフル活用してＲＯＩ（費用対効果）を最大化しようとしている。まさにこのマネジメントを通して、その感覚を身につけさせていくと、メンバーは、「ミニ経営者」へと近づいていく。

03

Sales Forecasting Management

新規案件の仕込み活動を確認する

日々の営業活動をしていると、どうしても短期的な視野になってしまう。今月の目標達成で頭がいっぱいで月末を迎え、ふと気が付くと、翌月以降の数字が全く足りないということは起こりがちだ。

実際に記入すればわかると思うが、現時点で動いている商談だけでは、数カ月～半年後の目標数字に対しては、おそらく足りていないはずだ。その将来の数字を埋めるためには、早め早めに新たな案件を仕込む活動が必要になる。つまり、先々の数字を頭に入れ、必要となる新たな案件の仕込み活動を「ヨミ表」に記入することで、自転車操業的な動きにならず、安定した業績を維持することができるようになるのだ。

では、早め早めの仕込みを意識付けるためには、メンバーと１ｏｎ１で行う「ヨミ会」で、どのような関わり方がポイントになるのか、この後詳しく述べていきたい。

〝塩漬け〟商談に固執しないようにアドバイスする

目標達成ができないメンバーの「ヨミ表」の特徴として、**受注できそうにない案件をいつまでも〝Cヨミ〟欄に入れっぱなしにしていることが多い。**

例えば、お客様から「社内で持ち帰り、検討します」と言われ、その後、メールを何度か送っても返事がない案件などを、まだ商談中として「ヨミ表」に書いているような場合だ。

このように、進展する見込みがない案件をずっと抱え込んで塩漬け状態にしているメンバーがいたら、**「ヨミ表」から削除するようにアドバイスすることが重要**だ。

見込みのない案件を「ヨミ表」に掲載し続けておくと、**手持ちの商談がたくさんあるという錯覚をしてしまう**からだ。その結果、新規の案件の仕込みが必要だという意識が薄れてしまうのだ。

メンバーとの「ヨミ会」の場では、**長期間に渡ってヨミの変化がない案件に着目**して、

「この案件、最後にやりとりしたのは、いつ頃？」
「その時のお客様の反応は？」
「その後、どんなアプローチをする予定？」

といったやりとりをメンバーと行い、これ以上追いかけても商談の進展が難しいと、メンバーとすり合わせができれば、どんどん削除するようにアドバイスすることをお勧めしたい。そうすることで、新規案件の仕込みの必要性を認識するようになるのだ。

ターゲッティング感覚にズレはないかを確認する

次に、新規案件の仕込みの必要性は認識していて、アプローチ先のリストアップを行い、商談のアポイントを獲得しようと努力しているメンバーがいるとしよう。

このようなメンバーとの「ヨミ会」を行う場合の確認ポイントは次の2点だ。

1. ポテンシャル（期待できる取引規模）が低いところばかりにアプローチしていない

▶新規案件の仕込み活動についてのポイント

“塩漬け”商談に固執しないようにアドバイスする

受注できそうにない案件をいつまでも“Cヨミ”欄に入れていると、手持ちの商談がたくさんあるという錯覚をしてしまう
⇒「ヨミ表」から削除するようにアドバイスする

ターゲッティング感覚にズレはないかを確認する

1. ポテンシャルが低いところばかりにアプローチしていないか？
2. 営業難易度が高いところばかりにアプローチしていないか？

		2. 営業難易度	
		難	易
1. ポテンシャル（期待できる取引規模）	高	**区分②** 難易度は高いが、取引単価は大きい顧客群	**区分①** 最優先群
	低	**区分④** アプローチしても無駄な顧客群	**区分③** 営業パワーをかけがちだが、見返りは少ない顧客群

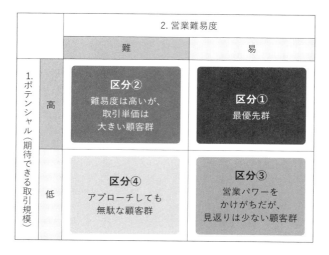

か？

2.営業難易度が高いところばかりにアプローチしていないか？

右図を見て欲しい。縦軸に「ポテンシャル（期待できる取引規模）」、横軸に「営業難易度」を置き、4つに区分けをした表だ。当たり前だが、区分①に該当する顧客群が、最優先でアプローチすべきところだ。

ターゲッティング感覚に優れた営業は、区分①に該当するところに狙いを定めてアプローチしている。だから、高単価の取引を省エネで獲得することができるため、目標達成確率が高くなるわけだ。一方、営業の嗅覚とも言うべきターゲッティング感覚を持ち合わせていないメンバーは、的外れなところばかりにアプローチしている場合が多い。そこが、メンバーとの「ヨミ会」で確認するべきポイントだ。とは言っても、特に経験の浅いメンバーは、この縦軸、横軸の基準がわかっていない。その場合は、**「ヨミ会」を通してその基準を教えていくことが重要**となる。

まずは、横軸の営業難易度の基準を合わせていくことが先決だ。**一般的に横軸は、お客**

様のニーズの強弱（お困り度）や競合優位性もしくは顧客親和性で決まる。

わかりやすい例を挙げると、最もガスファンヒーターを売っているトップ営業に、

「冬、街中を巡回しながら、すぐ買ってくれそうなお客様を見つけるには、どこに着目するとよいか？」という質問したら、

「そりゃあ、灯油のポリタンクが玄関先に置いてある家だよねー」

「特に、お年寄りの洗濯物が干してあったりしたら、かなり購入確率は高いよ」

というように、商品を買ってくれる可能性の高いお客様の特徴が間髪入れずに返ってくる。

その理由を聞くと、

「ほぼ確実に現在、石油ストーブを使っているわけだよね」

「石油ストーブに比べて、ガスファンヒーターはすぐに温まるし、灯油を入れ替える手間もなければ、火災や一酸化炭素中毒になるリスクも低い。特にお年寄りの方にとってはありがたいはずなんだよー」

という感じで、顧客にとっての利便性や競合差別化になる根拠がすぐに出てくる。

つまり、横軸の営業難易度の基準を合わせるということは、**商品を買ってくれる可能性**

の高いお客様の特徴を、営業として見極めができる具体的なレベルで表現して教えることがポイントだ。

次に、縦軸のポテンシャル（期待できる取引規模）は、平たく言えば、自社の商品やサービスをたくさん買ってくれそうなところということだ。この基準は、比較的わかりやすい。一般的には企業規模が大きいところだ。もう少し具体化すると、従業員が多い、多拠点に展開している、取引先が多い、多品目を取り扱っている、などだ。

この縦軸の基準を合わせることは難しくないが、よくあるのは、**区分③に当たるところばかりにアプローチしようとしている営業メンバーがいることだ。**

例えば、長年お世話になってきた親しい既存顧客だけれども、これ以上の取引は期待できないところに、足繁く通ってしまうケースだ。たとえ受注できても取引規模が小さいので、数多くの社数の獲得が必要だ。そして、受注後の納品活動に費やすパワーも大きくなる。

そうなると、**進行中の商談を前に進め受注する活動や、さらに新規案件を仕込む活動に時間を割くことできなくなる悪循環が生じてしまうのだ。**

このように、メンバーとの「ヨミ会」では、**ターゲッティング感覚にズレはないかを確**

認すると共に、効率的なアプローチをする上でのターゲッティングの基準を教えていくことが必要となる。

顧客ポートフォリオ表を作り、新規案件の仕込み活動を促す

ターゲッティングの嗅覚を鍛え、商談仕込み力を上げるマネジメント方法として、「顧客ポートフォリオ表」の活用をご紹介したい。左図をみて欲しい。これは「ヨミ表」でも事例として取り上げてきたホテルの宴会営業の顧客ポートフォリオ表だ。

縦軸に「受注時に期待できる取引規模＝ポテンシャル」として大・中・小の3段階に区分し、横軸に「受注確率（営業難易度と同じ意味合い）」として高・中・低の3段階に区分けをしたフォーマットだ。

ご覧のとおり、このフォーマットに**自分が担当する既存顧客と見込み顧客名を記入し、**

▶顧客ポートフォリオ表を作り、新規案件の仕込み活動を促す

今期売上目標：5,000万円

縦軸：受注時に期待できる取引規模 ／ 横軸：受注確率	低	中	高
大（Large）	⑦ Large・高 ＊＊＊＊ ＊＊＊＊	④ Large・中 B社：300万 W大学：300万 C社：250万 L社：250万 ＊＊＊＊	① Large・高 A社：300万 X大学：200万 D社：200万 U社：150万 F専門学校：150万
中（Middle）	⑧ Middle・高	⑤ Middle・中 Q社：90万 W専門学校：50万 N高校：80万 ＊＊＊＊ ＊＊＊＊	② Middle・高 E社：80万　L社：30万 J社：70万　H社：40万 N社：30万　G社：90万 P社：70万　Q社：40万 N学校：80万 W専門学校：80万
小（Small）	⑨ Small・高	⑥ Small・中 ＊＊＊＊ ＊＊＊＊	③ Small・高 市役所：20万 Y社支社：15万 X高校：10万 K社：10万 ＊＊＊

それぞれの顧客から期待できそうな売上規模を落とし込んだものだ。これは、半年、1年といった、やや長い期間で見込めそうな売上数字を記入している。

実際に作業をしていくとわかると思うが、親和性の高い顧客は、詳しい情報がわかっているので、精度の高い数字が記入できるだろう。一方、親和性が低い顧客は、その見立ても難しかったりする。その場合は、「この顧客ならば、これくらいの取引になるはずだ」という仮置きの数字を入れても構わない。そして、営業活動が進み商談が具体化すると、精度の高い数字が記載されてくる。また営業しても受注で

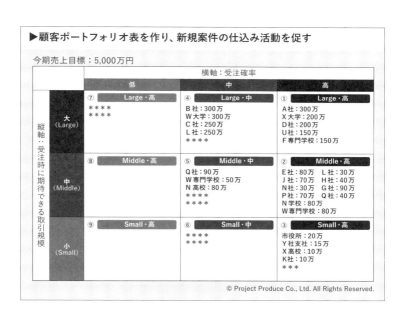

きそうにないことがわかると、この表から消去されるという運用方法だ。

この作業を行うことのメリットは、次の3つだ。

1. 必要となる「仕込み案件量」が把握できる

仮に、現状の見込み客をすべて受注しても、目標値までには届かないとなれば、もっとターゲット顧客を仕込む必要があることを認識できるのだ。ちなみに、この事例で取り上げているホテルの宴会営業の組織では、目標売上額の3倍の仕込みを常にしておくルールにしている。

2. アプローチの優先順位を付けやすくなる

縦軸、横軸のマス目に書き入れていくことで、

◎真っ先にアプローチすべきところはどこか?

◎パワーを掛けて取りに行くところはどこか?

◎逆に避けるべきところはどこか？

という判断がしやすくなるのだ。

3. ターゲッティング感覚を磨くことができる

縦軸、横軸のマス目に書き入れていく時、営業メンバーは必ず、ポテンシャルと営業難易度の見立てをすることになる。そして、実際にアプローチして、その仮説を検証することで、縦軸、横軸の判断の精度が上がってくるのだ。

「顧客ポートフォリオ表」によって、中長期的な視点での新たな案件の仕込みを促し、そこから商談化した案件を「ヨミ表」に転記することで、目標の達成に向けた詰将棋をする力が養われていく。そうすることで、自分が追いかけるべき残数字がわかると、この時期に、これくらいの案件のボリュームあれば達成できそうだ、という感覚がわかるようになってくるのだ。

▶顧客ポートフォリオ表を作り、新規案件の仕込み活動を促す

ホテル宴会営業の顧客ポートフォリオ表

今期売上目標：5,000万円

縦軸：受注時に期待できる取引規模 ＼ 横軸：受注確率	低	中	高
大 (Large)	⑦ Large・高 ＊＊＊＊ ＊＊＊＊	④ Large・中 B社：300万 W大学：300万 C社：250万 L社：250万 ＊＊＊＊	① Large・高 A社：300万 X大学：200万 D社：200万 U社：150万 F専門学校：150万
中 (Middle)	⑧ Middle・高	⑤ Middle・中 Q社：90万 W専門学校：50万 N高校：80万 ＊＊＊＊ ＊＊＊＊	② Middle・高 E社：80万　L社：30万 J社：70万　H社：40万 N社：30万　G社：90万 P社：70万　Q社：40万 N学校：80万 W専門学校：80万
小 (Small)	⑨ Small・高	⑥ Small・中 ＊＊＊＊ ＊＊＊＊	③ Small・高 市役所：20万 Y社支社：15万 X高校：10万 K社：10万 ＊＊＊

〈顧客ポートフォリオ表のメリット〉

①必要となる「仕込み案件量」が把握できる
②アプローチの優先順位を付けやすくなる
③ターゲッティング感覚を磨くことができる

⬇

中長期的な視点での新たな案件の仕込みを促し、
そこから商談化した案件を「ヨミ表」に転記する

© Project Produce Co., Ltd. All Rights Reserved.

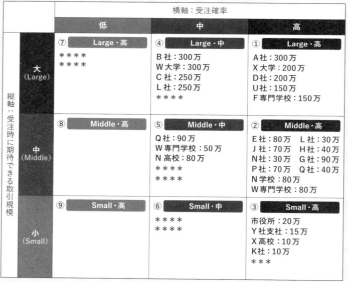

04

Sales Forecasting Management

「ヨミ会」の心得

ここまで、メンバーと1on1で行う「ヨミ会」という手段によって、営業メンバーを「ミニ経営者」へと育成していく手法について解説をしてきた。最後に、その「ヨミ会」を行う上での留意点、心得についてお伝えしたい。

「ヨミ会」でパワハラ上司にならないための留意点

ヨミ会で、起こりがちな場面としては、**上司がメンバーを問い詰め、メンバーを委縮させてしまう**ことがある。このような状況になってしまうと、メンバーは無難にやり過ごそう、突っ込まれないようにしようとする、**防御モードに入ってしまう。**

こうなることの一番のリスクは、メンバーから営業場面で起きている事実情報が出てこなくなることだ。特に、ネガティブ情報が報告されなくなり、耳障りのいい情報だけを伝えようとしてしまう。もっとひどくなると、粉飾された情報だけが報告され、最悪な場合は不正行為が常態化するようになる。このような事態を避けるための手法として、**「ヨミ会」の位置づけとルールをメンバーと決めておくこと**をお勧めしたい。

次に示す例は、**「ヨミ会」で健全な報連相が行われ、メンバー育成としても機能する場となるよう、ある会社で取り決めたルール**の例だ。ここに記載されている、上司リーダーの心得、営業メンバーの心得の内容は示唆に富む項目が多いので、ぜひ参考にして欲しい。

【ヨミ会の位置付け】

「ヨミ会」とは、営業目標達成に向けた作戦会議の場である

【ヨミ会のルール】

上司、リーダーの心得　5か条

①メンバーからポジティブな情報を引き出し、ネガティブな情報を報告した勇気あるメンバーをほめるべし

※ネガティブな情報とは、失敗、クレーム情報、懸念、疑問、不安など

②メンバーの意思、意向を確認すべし

③メンバーに答えを最初に伝えるのではなく、考え方を伝えるべし

④メンバーの成長度合いによって、ヨミ会の実施方法を工夫すべし

⑤目標達成をあきらめず、作戦を練ることを楽しむ場とすべし

営業メンバーの心得　5か条

①「ヨミ表」を最新の状態に更新して「ヨミ会」に臨むべし

②「ヨミ会」では、事実情報を具体的に報告すべし

③自分なりの見解、考えを持って臨むべし

④疑問や不安、不明点を大いに話すべし

⑤上司や先輩に答えを求めるのではなく、対話を通して自分で答えを見出すべし

「ヨミ会」の時間短縮、負担軽減のための留意点

「ヨミ会」を継続して実施していこうとする場合、そこに立ちはだかる大きなハードルは、「ヨミ会」に費やす時間、労力の負担だ。

営業現場のマネージャーやリーダーからは、

「こちらも、営業プレイヤーとしても活動しているので、なかなか時間がとれないんです……」

「一人ひとりのメンバーとじっくりやると、かなりの時間が掛かってしまい、こちらも大変でして……」

という声をよく耳にする。

ここで改めて、「ヨミ表」「ヨミ会」の趣旨を確認したいと思う。この章のタイトルにも記したように、「ヨミ表」というマネジメントツールを活用し、営業メンバーを「ミニ経営者」へと育成していくための場が「ヨミ会」だ。

これまで述べてきたように、**4つのヨム力を鍛え、次第に自律自走できるように導いて**

▶「ヨミ会」を健全な報連相の場にするためのルール例

ヨミ会の位置付け ➡ 達成に向けた作戦会議の場である

〈上司、リーダーの心得　5か条〉

①メンバーからポジティブな情報を引き出し、
　ネガティブな情報を報告した勇気あるメンバーをほめるべし
②メンバーの意思、意向を確認すべし
③メンバーに答えを最初に伝えるのではなく、考え方を伝えるべし
④メンバーの成長度合いによって、ヨミ会の実施方法を工夫すべし
⑤目標達成をあきらめず、作戦を練ることを楽しむ場とすべし

〈営業メンバーの心得　5か条〉

①「ヨミ表」を最新の状態に更新して「ヨミ会」に臨むべし
②「ヨミ会」では、事実情報を具体的に報告すべし
③自分なりの見解、考えを持って臨むべし
④疑問や不安、不明点を大いに話すべし
⑤上司や先輩に答えを求めるのではなく、対話を通して自分で
　答えを見出すべし

いく場である。よって、ずっとメンバーに関わり続けることを是としているものでなく、**一定のレベルに達したら「ヨミ会」を卒業させていく**のが妥当だ。

実際にやっていくとわかると思うが、ヨミのレベルが揃ってくると、簡単なやりとりだけですぐ終わるか、「ヨミ表」を提出してもらうだけで済むはずだ。では、どのようにすれば、「ヨミ会」の時間短縮、負担軽減ができるのか、この後詳しく述べていこう。

フレームとプロトコルを合わせ、共通言語をつくれ

横文字ばかりの表現で恐縮だが、言葉の概念が共有されると短いワードでコミュニケーションができるメリットがあるのでご了承いただきたい。つまり、これが共通言語化するということだ。

まずフレームとは、直訳すると「枠組み」という意味だ。**コミュニケーションにおいてフレームが合うと、話す範囲と観点が揃うという大きなメリットがある。もちろん、「ヨミ会」で用いるフレームは、言うまでもなく「ヨミ表」だ。**

「ヨミ表」をつくり、それを見ながら対話をするだけでおおよそのフレームが揃う。今日の商談内容の詳細を打ち合わせる場ではなく、目標達成に向けて、数字と次の一手を確認するテーマに範囲が絞られるからだ。そして、「確度」「時期」「金額」の3つの観点で数字をヨムというルールもわかった上でやりとりをするからだ。**「ヨミの基準」を揃えることで、さらにフレームの精度を上げることもできる。**

「5月のAヨミの合計金額はいくらで、残数字はいくら?」

という短い質問において、5月でヨム、Aでヨムという基準がメンバーと揃い、残数字の算出方法の認識が揃っていれば、

「Aヨミの合計は1500万円で、残数字は300万円です」

という、短い返答で終わる。

このように、**「Aヨミ」「残数字」「次の一手」といった言葉が意味する基準が双方で揃ったら、本当の意味で共通言語になったと言える。**この章の冒頭でお伝えした**「ヨミの精度を鍛えるための問いかけ」を最初は念入りに行い、上司とメンバーの認識が揃ってきたら簡単なやりとりに移行すれば良いのだ。**

次に、プロトコルという単語を調べると、外交上の儀礼、交流の手順。コンピュータで通信するための交信手順という説明が出てくる。つまり、**プロトコルが合うメリットは、話の進め方において合意形成ができていることだ。**これを「ヨミ会」に当てはめると、1on1で行う対話の手順を双方がわかっているので、テンポ良く話が進むのだ。

例えば、上司からいちいち質問を繰り出さなくても、プロトコルが合うとこんな感じでやりとりが進む。

メンバー：「最初は、今月の目標と残数字からお伝えすると……」
上　　司：「あともう少しのところまで来たね」
メンバー：「はい、最優先はBヨミの◯◯社ですね。次の一手としては……」
上　　司：「なるほど」
メンバー：「次は、この半期の目標と残数字ですが……」
上　　司：「Cヨミの△△社の大型受注が決まると、達成が見えてくるね」
メンバー：「はい、そうなんですが、それだけでは不安なので、新規の仕込みとしてターゲットリストを作ってみたのですが、見てもらえますか」
上　　司：「うん、そうだね。今日の『ヨミ会』のテーマはそこがポイントだね。ぜひ詳しく聞かせて……」

このように、プロトコルが合うと、どのような順番で話すとスムーズなのか、相手は何を聞きたいのか、ここで論点となることは何か、ということを都度確認しなくても、以心伝心で話し合うことができる。こうなれば、コミュニケーションの負荷はかなり軽減され、さらに密度の濃い内容になってくる。

そのためには、やはり最初が肝心だ。

◎この順番で話を進めよう

◎上司としてはココが聞きたい事だよ

◎今日、力点を置いて話し合いたいテーマを決めてきてね

という作法をメンバーと最初に決めることをお勧めしたい。

最後に、序章でも触れたように、DXがもたらす、営業現場のコミュニケーションスタイルの変化について触れておきたい。

身近な現象としては、お客様との商談もオンライン化が進み、テレワーク化、リモートオフィス化もさらに加速していくことが挙げられるだろう。もちろん、距離や場所の制約がなくなり時間効率が大きく向上するメリットはある。

その一方で、オフィスでメンバーに声を掛けて話をする、営業同行の移動時間に話をするという機会がどんどん少なくなってくることが予想される。つまり、従来の対面型のコミュニケーションから、同じ空間を共有しない非対面でのコミュニケーションに移行して

▶「ヨミ会」の時間短縮、負担軽減のための留意点

1on1で行う「ヨミ会」の趣旨

◎ 4つのヨム力を鍛え、次第に自律自走できるように導いていく場
◎ メンバーが一定のレベルに達したら、**「ヨミ会」を卒業させていく**のが妥当

フレームを合わせ、共通言語をつくる

◎「ヨミ表」によって、話す範囲と観点を揃える
◎「Aヨミ」「残数字」「次の一手」が意味する基準が揃ったら共通言語になる

プロトコルを合わせ、「ヨミ会」の手順を揃える

◎ この順番で話を進めよう／◎ 上司としてはココが聞きたい
◎ メンバーは、相談したいこと、話し合いたいテーマを決めてくるという認識を揃えておくこと

⬇

非対面でのコミュニケーションが増えてくるうえでも、重要なポイント

いくのだ。

すでに実感されている方もいるかもしれないが、非対面でのコミュニケーションでは、微妙な表情の変化、声色などが読みにくい。つまり、**これまではなんとなくできていた以心伝心が機能しづらくなる**のだ。一見、時間効率は高まるように感じるかもしれないが、コミュニケーションの質は劣化し、ストレスが高まるかもしれない。そのためには、工夫が必要だ。

今後増えてくる非対面でのコミュニケーションにおいても、フレームとプロトコルを合わせ、共通言語をつくる

ことは、質と効率の両立を図るために欠かせない要素になる。

第4章

One Teamになるための「チームのヨミ会」術

01

Sales Forecasting Management

みんなで力を合わせて達成するチームの特徴とは

前章では、メンバーと１on１で行う「ヨミ会」で、目標達成できるメンバーへと育成する手法についてお伝えした。この章では、みんなで力を合わせて、チームの目標を達成するためのマネジメント手法について述べていきたい。

「チームが効果的であるための要素」を見てほしい。これは営業チームに限らず、チームが一丸となって目標に向かって機能するために必要な要素を示している。言い換えると、**チームビルディングに必要な要素は、「ベクトル」「プロセス」「ヒューマン」の3要素だと**いうことだ。

▶チームが効果的であるための要素

◎「チームのヨミ表」をつくり、数字と案件の見える化

◎チーム目標の意味づけ、方針戦略の共有

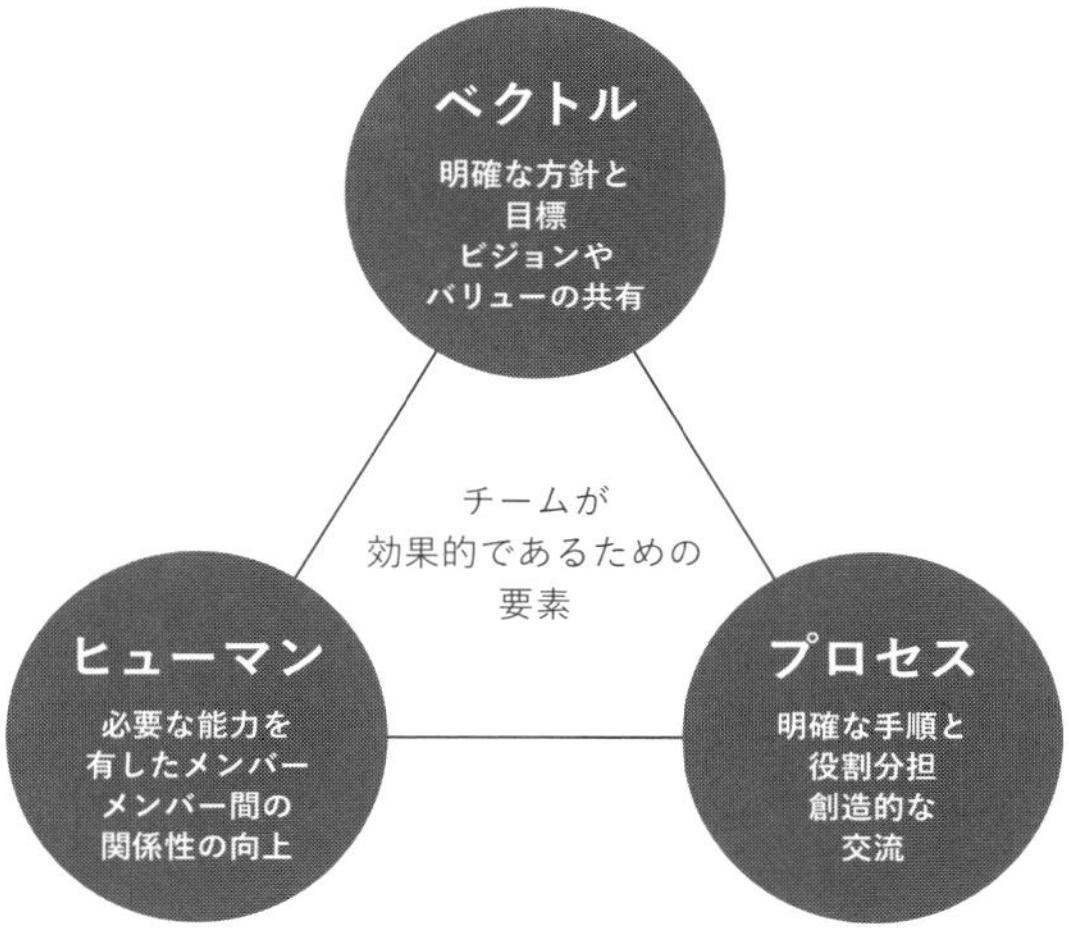

3つの風土づくり

◎他のメンバーの営業活動に興味関心を持つ

◎他のメンバーの努力と知恵を承認、称賛する

◎チームに貢献したヒーロー、ヒロインを承認、賞賛する

◎「**ヨミ会**」で、チーム目標の達成に向けたタスクと役割の設定

◎売れ筋、勝ちパターン、営業ノウハウの共有

◎本来の役割を超えた臨機応変な対応

※『グローバル組織開発ハンドブック』（ピープルフォーカス・コンサルティング著）より引用

営業チームにおける「ベクトル」とは

ベクトルが揃っているチームは、方針や目標が明示されている。例えば、今期の営業目標が売上100億円で、その目標を達成するための要となる方針は、新商品Xによって競合商品Zをリプレイスすることだ。というように、**目標や戦略がチームで共有されている。**

さらにハイレベルなチームは、「この売上100億円を達成すると、日本の市場ではトップシェアに躍りでることになり、お客様からは『○○と言えば、我が社の商品だ』と言われるようになる！」といった**ビジョン（目指す姿、将来像）も共有している。**また、「トップシェアを獲得することで、我々の操作ソフトがデファクトスタンダードを取り、ずっと大切にしてきたユーザーに優しい操作性が実現できる可能性が出てくる」といった**バリュー（価値観）に関するメッセージもチームメンバーと共有できている。**

つまり、**単に数値目標を掲げているだけではなく、その目標の意味付けがなされているチームはベクトルが揃っているチームだということだ。**

営業チームにおける「プロセス」とは

プロセスが整っているチームは、仕事を進める手順と役割分担が明確になっている。さらにハイレベルなチームは、決められた手順をマニュアル的に進めるだけではなく、状況に応じて本来の役割を超えて仕事をカバーしたり、もっと効果的・効率的なやり方を編み出す創造性を持ち合わせている。

この「プロセス」が明確な営業チームの特徴を挙げると、効果的な営業手法が明確になっている。例えば、商品Xを売るならば、**メインターゲットはこのようなお客様で、このような商談の進め方が有効だという、売れ筋と勝ちパターンの共有がしっかりとできている。**

また、商談が具体化して技術的なサポートが必要となってきたら、営業側はどこまでカバーして、技術チームはどのような支援を行うのか、その役割分担や連携プレーの進め方が明確になっている。

さらにハイレベルなチームでは、その役割分担がマニュアル的に固定化しているのでは

なく、経験の浅い営業メンバーの場合は、技術スタッフが商談の初期段階から同行なども引き受けるなど、本来の役割を超えた臨機応変な対応をしている。また、日々の営業活動において、新たな営業のコツを見出したメンバーがいたら、それがすぐさまチームで共有され勝ちパターンがブラッシュアップされていくやりとりが行われている。

営業チームにおける「ヒューマン」とは

ここで示すヒューマンとは、単に優秀な人材を揃えているというだけでなく、チームメンバー同士の関係性が良好であることを意味している。単に仲が良いということではなく、営業チームの場合、私は次の3つの観点でチーム内の「ヒューマン」レベルをチェックしている。

1. 他のメンバーの商談内容に興味関心を持っているか？
2. 他のメンバーが努力していること、編み出した知恵を承認・賞賛しているか？

3. チームに貢献したメンバーにスポットライトを当て、承認・賞賛しているか？

個々のメンバーが、この3点を意識した言動をとっているチームは、ナレッジマネジメントが自然に機能し、互いに学び合い、教え合う風土が醸成されている。また、プロセス部分で述べたような、臨機応変な助け合いや創造的なアイデアが生み出されやすくなっているのだ。

ここまで営業チームにおける、ベクトル・プロセス・ヒューマンの3要素について解説してきたが、チームを率いる**リーダー、マネージャーが取り組むべきことは、この3要素をメンバーに意識付け、促していくシクミやシカケを講じることだ。**

ここからは、チームの営業目標を達成するために必要となるシクミやシカケの具体策として、「**チームのヨミ表**」「**チームで行うヨミ会**」を取り上げ、その運用方法についてお伝えしたい。

02

Sales Forecasting Management

営業チームで行う「ヨミ会」で、ベクトルを合わせる

左図の「チームのヨミ表」例を見てほしい。これは、これまで取り上げてきたホテルの宴会営業チームで活用している「チームのヨミ表」で、**これをチームメンバーが常に注視しながら営業活動を行っている。**上段は、個々の営業メンバーのヨミ表の数字を合算したものだが、4月は見事に達成して、来月以降の「残数字」がどれくらいあるのかが、ハイライトされている。下段は、その「残数字」を埋めるためには、誰の、どの案件が有力候補なのかが、ひと目でわかるようになっている。そして、見事受注を獲得した案件には、ハナマル印が付けられている。

さて、ご覧になった読者の方は、「ああ、なるほどね～」とは思うものの、特段、目を見張る部分はないと感じているかもしれない。確かに、ひと昔前の営業組織のオフィスなら

▶チームのヨミ表例

●●年4月24日時点　部署：宴会営業1G　　　　単位：万円

I：集計欄	4月	5月	6月	第1Q合計	7月	8月	9月	第2Q合計	上期合計
目標	500	1000	1000	2500	2000	2500	3000	7500	10000
受注済 合計	600	600	400	1600	900	1000	500	2400	4000
A ヨミ 合計	200	200	100	500	300	500	500	1300	1800
B ヨミ 合計	150	150	400	700	400	300	300	1000	1700
C ヨミ 合計	400	300	400	1100	600	500	800	1900	3000
〈残数字〉									
（受注済＋Aヨミ）－目標	300	▲200	▲500	▲400	▲800	▲1000	▲2000	▲3800	▲4200

達成！

5月達成 Hot案件

山田　M社加盟店説明会　120万円
石神　J社MVP表彰イベント　80万円
加藤　P社学術部門勉強会　100万円

1Q達成 Hot案件

佐藤　K社新製品販促セミナー　80万円
佐藤　C社決算説明会　20万円
山本　S社新薬学会　200万円
松井　N社部長研修　150万円
岡本　O社株主総会　60万円

⬇

チーム全員が、このような情報を注視する風土を創り出せていることが大事！

ば、このような表が壁に貼られている風景はお馴染みだった。そして、「ウチの会社では、こんな古臭いやり方ではなく、ネットワーク上の掲示板で、クリックすればすぐ見れるようになっているよ」と感じている方も多いかもしれない。その通りだろう、特に上段部分の集計表など、システム的に自動計算されてアップデート表示することなど簡単だと思う。

　ここで私が伝えたいことは、上図に示すように情報が見られるようになっていることが重要なのではなく、**チーム全員が、その情報を注視する風土をつくり出せているかどうかが大事なの**

▶「チームのヨミ会」の進め方

ステップ①　各メンバーの「個人のヨミ表」と突き合わせて、改めて「チームのヨミ表」の集計数字、「残数字」を確認する

↓

ステップ②　「残数字」を埋めるためには、誰の、どの案件の獲得が必要となるのかを確認する

↓

ステップ③　その案件を獲得するためには、誰が、どのようなアクションを、いつまでに行うのかというタスクを確認する

↓

ステップ④　営業戦略面、戦術面のノウハウ交換、知恵出しを行う

だ。

営業目標達成に向けて、チームのベクトルを合わせるには、みんなで力を合わせて埋めるべき「残数字」と、その数字を埋めるための注目案件を意識付けることがポイントだ。

「チーム目標の達成には、あといくらだ！」

「そのためには、これらの案件を決める必要がある！」

「もし、決まらなかった時には、代わりにどの案件で埋め合わせすればいいか？」

　チームメンバー全員がこのような意識を持って営業活動しているチームは、

ベクトルが揃っている。

しかし、**単純にデジタル集計した無機質な数表を掲示しているだけでは、そのメッセージは伝わらないだろう。**このような意識付けをしていくためには、**ベクトルを合わせる意図をもって、チームで情報を共同編集する作業が重要なのだ。ここでは、その作業の場を「チームで行うヨミ会」と位置付けている。**

では、「チームで行うヨミ会」の進め方についてもう少し詳しく説明したい。主な手順は次に示すとおりだ。

ステップ① 各メンバーの「個人のヨミ表」と突き合わせて、改めて「チームのヨミ表」の集計数字、「残数字」を確認する

ステップ② 「残数字」を埋めるためには、誰の、どの案件の獲得が必要となるのかを確認する

ステップ③ その案件を獲得するためには、誰が、どのようなアクションを、いつまでに行うのかというタスクを確認する

ステップ④ 営業戦略面、戦術面のノウハウ交換、知恵出しを行う

「チームで行うヨミ会」の進め方は、概ねこの4ステップで、正確に言うと②③④は目標達成に向けた「プロセス」を確認するやりとりなので、次の項で詳しく説明したい。ここでは、ベクトルを合わせるための①の部分の留意点について補足しよう。

ステップ①の留意点

メンバーと1on1で行う「ヨミ会」で、ヨミの基準が揃っている場合は、このステップ①のやりとりは極めて短時間で終わる。「受注済の数字、Aヨミの合計数字には、誰の、どの案件が含まれているけど、間違いないね？」「そうなるとチームの残数字は、この金額でいいね？」という確認をするだけだ。

逆に、メンバーが作成している「ヨミ表」の精度が曖昧なまま、「チームのヨミ会」を行うと次のようなやりとりが続いてしまい、時間が掛かってしまう。

上　司：「この受注済の案件の金額は、そのままだよね？」

メンバー：「あっ、すみません。値引き要請が入ってしまい……」
上　司：「Aヨミのこの案件は、今月で間違いないね？」
メンバー：「申し訳ないです。翌月になりました……」

このようなやりとりが一部のメンバーと続いてしまうと、しっかりと「ヨミ表」を付けているメンバーにとっては無駄な時間になってしまう。「チームのヨミ会」とは名ばかりで、蓋を開けてみると、個別のヨミ会を順番にやっているだけの場合も多い。（※このような状態になっている会議では、自分の順番が回ってくるまで、他のメンバーはメール処理などの内職をしていて、他のメンバーの商談内容にも関心を示していないことが多い）

これが「チームのヨミ会」が失敗している典型例で、せっかくメンバーが時間を割いて集まっているのに、創造的な議論ができずに終わっているのだ。そうならないためには、**「チームで行うヨミ会」の前に、メンバーと1on1で行う「ヨミ会」でヨミの精度を高めておくこと、これが1つ目の留意点だ。**第3章でお伝えしたように、メンバーと1on1で行う「ヨミ会」でヨム力を鍛えていくと、この時間も短くなっていく。まずは、この前捌き部分をしっかりと行うことが重要なのだ。

▶「チームのヨミ会」を始める前の留意点

❶メンバーと1on1で行う「ヨミ会」でヨミの精度を高めておくこと

❷自分が申告している数字に責任を持って欲しい、というメッセージを伝える

⬇

「チームのヨミ会」に臨む前には、ヨミの確認やウラ取りもしていることが「あたりまえの前提」だ、ということを伝えること

⬇

チームのベクトルを合わせる上で重要なこと

2つ目の留意点は、各メンバーに対して、自分が申告している数字に責任を持って欲しい、というメッセージを伝えることだ。当たり前だと思われるかもしれないが、チーム全員がこの感覚を持っているところは意外と少ない。「数字がズレてしまうのは、お客様の都合だから仕方ないよね〜」という認識のメンバーも多いのではないだろうか。

もちろん、お客様の都合で営業側の思惑とズレることはよくある。それ自体が悪いわけではなく、**自分が責任を持って申告したのであれば、そのズレはないという確認やウラ取りもしてい**

ることが「当たり前の前提」だよ、という感覚をメンバーに伝えていくこともチームのベクトルを合わせる上で重要なことなのだ。

本書の冒頭から述べている、営業メンバーをミニ経営者へと育成していく観点からも、自分が申告する数字に責任を持つという価値観は重要だ。株主を前に経営者が今期の予測数値を発表する時には、大きな責任が伴うのと同じだ。

一流のスポーツチームのメンバーは、試合や合同練習の前には、各自でストレッチやランニングを行い、体をほぐしてから参加することは、プロフェッショナルとして「当たり前の前提」になっている。これは、勝ち負けなどの数値的な目標だけでなく、プロとして持つべき価値観というベクトルを共有していることに等しい。

03

Sales Forecasting Management

営業チームで行う「ヨミ会」で、プロセスを確認する

チームの営業目標を達成するための「ヨミ会」で、そのプロセスを確認するステップは、前述のステップ②③④を行うことだ。ここからは、その留意点について解説したい。

ステップ②の留意点

ステップ②で行うことは、「残数字」を埋めるためには、誰の、どの案件の獲得が必要となるのかを確認する作業だ。いわば、この試合に勝つために、誰がどのような役割を担う

▶「チームのヨミ会」で連帯感を高める

以下の2点をチームメンバーに認識させること

❶自分はどの営業活動を通してチームに貢献するのか

❷他のメンバーはどのようにしてチームに貢献しようとしているのか

⬇

チームに連帯感が生まれ
各メンバーのモチベーションが高まる

のか、チームで確認共有するのが、このステップだ。

このステップでの留意点は、自分はどの営業活動を通してチームに貢献するのか、他のメンバーはどのようにしてチームに貢献しようとしているのか、この2点をチームメンバーに認識させることだ。それによって、チームに連帯感が生まれ、各メンバーのモチベーションが高まるのだ。

モチベーションが高まるキッカケには、様々なものがある。次ページ図に示す「メンバーを動機付ける要素」に列挙した内容を見て欲しい。

▶メンバーを動機付ける要素

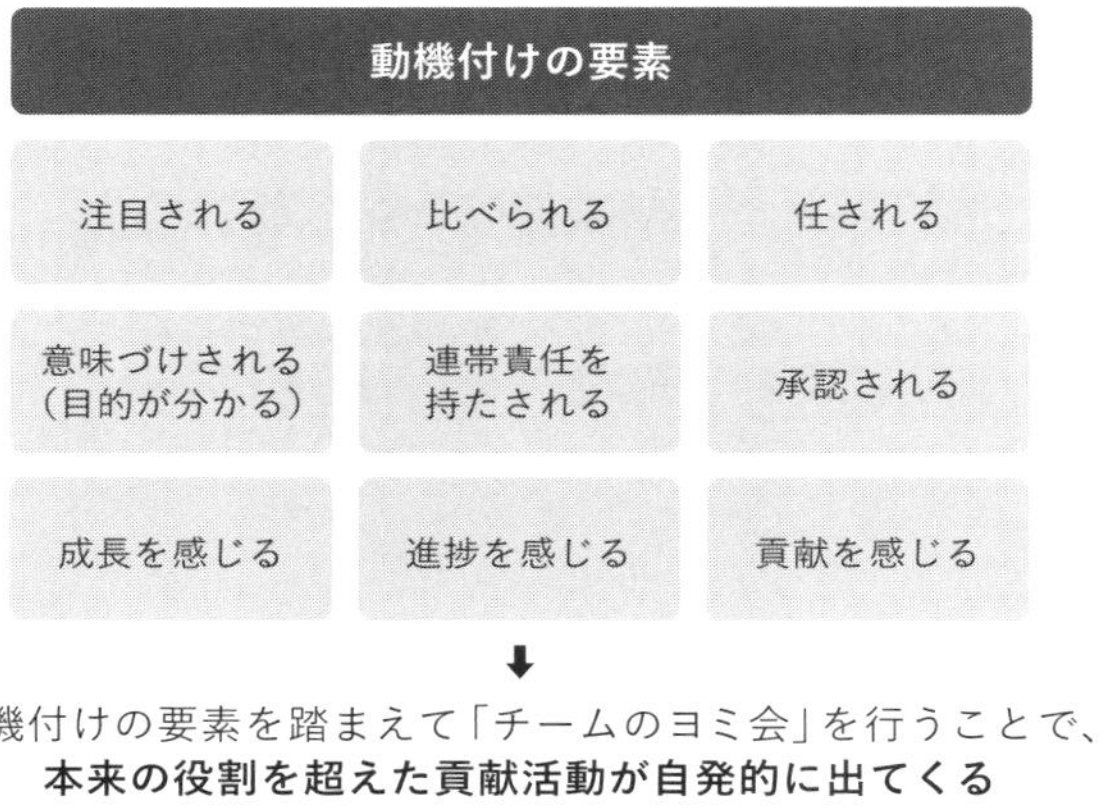

「チームが目標達成するためには、あなたの、この案件に掛かっている」と言われたら、該当するメンバーは注目の的になる。そして、本人はチームの目標を背負っているという、連帯責任を感じると共に、なんとかチームに貢献したいという意欲も湧くはずだ。

また、他のメンバーが注目され、任されている姿を見ると、その姿と自分を対比して、自分も何らかの貢献をしたいという想いが出てくるものだ。

例えば、すでに自分自身の営業目標は達成しているメンバーでも、もう1案件、頑張って営業してみようと思うかもしれない。また、若手のメンバーが苦戦している状況ならば、重要な商談場面に同行してあげよう、提案書作成を手伝ってあげようという**本来の役割を超えた貢献活動が自発的に出てくるようになる。このような状態にもっていければ、あなたのチームは、目標達成に向けてOne Teamになっている。**

ステップ③の留意点

ステップ②で各メンバーが果たす役割を確認したあとは、その役割を遂行するために、誰が、どのようなアクションを、いつまでに行うのか、という具体的なタスクをチームで確認することがこのステップの主な作業だ。特に、**複数のメンバーでの共同作業や部門間連携が必要な時には、その段取りや役割分担の詰めを丁寧にすることが留意点だ。**その詰めが甘いと、簡単な内野フライをお見合いしてポテンヒットを許してしまうことになる。

ステップ④の留意点

ステップ③で短期的な目標達成に向けての役割分担と手順をすり合わせたあとは、チームメンバー一同が会している場を活かして、**営業戦略、戦術のノウハウ交換、知恵出しを行う時間を設けることをお勧めしたい。短時間でこまめにノウハウ交換をすることがポイントだ。営業戦略のノウハウ交換・知恵出しのポイントは、次の3つの問いをチームメンバーに投げかけることだ。**

ちなみに、営業戦略とは、何を（商品・サービス）、どこに（ターゲット顧客）、どのように売るかを明示したものだ。具体的な案件を取り上げ、この3つの問いについて、チームで議論をすることで、営業戦略が磨かれていく。

問1：この案件は、どのような経緯で始まり、受注の決め手は何か？
問2：この案件を、ヨコ展開できるところはどこか？
問3：他に売れるモノはないか？

▶ 営業戦略をチームで磨くための3つの問いかけ

問1

この案件は、どのような経緯で始まり、受注の決め手は何か？

問2

この案件を、ヨコ展開できるところはどこか？

問3

他に売れるモノはないか？

まず、（問1）に記した「この案件」とは、例えば、名だたる大手企業からの大型受注とか、これまで実績がなかった業界からの受注、リリースしたばかりの新サービスの受注など、チームで**注目すべき旬な案件**のことだ。最初は、マネージャーやチームリーダーが目利きをして、「この案件」をピックアップして問いかけてほしい。そして、メンバーから自発的に質問をできるようにリードすることが望ましい。そうすることで、**「チームのヨミ会」以外の場でも、他のメンバーの「ヨミ表」に記載されている案件に着目し、メンバー同士で情報交換をするようになる。**

（問1）によって、次のような情報が共有される。

・自らリストアップしてアプローチしたのであれば、どんな情報源に着目して、どのようにアポイントを取ったのか？
・引き合いがあったとしたら、どんな情報や仲介者がフックとなったのか？
・そもそも、どんなことに困っていたから、商談化したのか？
・受注できたならば、お客様が納得して発注したポイントは何か？

このように（問1）の問いかけによって得られた情報は、（問2）の**ヨコ展開するためのターゲッティング条件に直結するノウハウ情報となるのだ。**

（問3）は、取り扱い商材が多い営業や、商社のように自ら取り扱い商材も開拓する営業の場合などは有効な議論になる。

例えば、次のようなやりとりが想定できる。

・A商品を使ってもらったのですが、その後こんなご要望を頂いたのですが、他にいい商品ありますか？

・Bサービスで提案したのですが、●●な理由で難色を示していまして、他にいい案ありますか？

・最近は、こんなご要望をいただくことが多いのですが、今の取り扱い品目ではカバーできないんですが、良い方法ありますか？

このように、「ヨミ表」に記載されている商談案件は、まさにオンタイムで動いている生きたマーケティング情報だ。そして、その商談に向き合っている営業メンバーは、そのリアルなマーケットニーズを直接受け止めているのだ。

このメンバー達とこれらの3つの問いを起点に議論をすることで、**営業担当の視点からマーケッター視点へワンランクアップしてくる**はずだ。毎回、1テーマを取り上げ、このような議論をするだけでも、何を（商品・サービス）、どこに（ターゲット顧客）売れば良いか、という**売れ筋を見出す力が磨かれる**のだ。

営業戦術のノウハウ交換・知恵出しのポイントは、「勝ちパターン」を共有すること

ちなみに、営業戦術とは、戦略を実行するための具体的な手法のことである。いわゆる、ハイパフォーマー（好業績者）は、その営業戦術を再現性高く、効果的に実践できるように体系化し「勝ちパターン」として身につけている。

次図「精密部品メーカーX社の初回訪問での勝ちパターン例」を見てほしい。検査機器などの最終製品を作っているメーカーに対して、その生産工程で活用する部品を売っているベンチャー企業の例だ。実際に、その会社の営業部門のハイパフォーマーにインタビューをして、初回訪問で行っている営業内容を体系化したものだ。

見ていただくとわかるように、目指すゴールにたどり着くには、お客様とのやりとりが、このように進めば上手くいく、というストーリーをパターン化して持っている。さらに分解すると、この場面では、お客様を「このような購買心理にもっていきたい！」そして、「このような言動を引き出したい！」という狙いが明確なのである。

この事例で言えば、「自社紹介をする場面」では、「会社パンフレットで、自社の沿革、社長の略歴を丁寧に説明する」というアクションをしていると答えている。その狙いは何かと聞けば、「社長に興味をもってもらい、自社を信用してもらうためだ」という明快な答えが返ってくるということだ。

ただし、具体的なシーンを決めて、上手に聞かないと、このような暗黙知となっているノウハウ、コツを引き出すのは難しいことが多い。なぜなら、優秀な人の多くは、「自分は特別なことをしていない」と思っているからだ。

漠然と、「いつも初回訪問の時には、どんなことを心がけていますか？」と聞いても、「いやあ、普通に会社説明や事例の説明をしているだけだよ」という答えしか返ってこないことが多い。

さて、「チームのヨミ会」の場面で行う、営業戦術のノウハウ交換・知恵出しの話にもどろう。先ほど述べたように、営業のコツ、ノウハウを引き出すのは意外と難しいが、具体的な商談場面を取り上げて聞くと、いい答えが返ってきやすいのだ。その格好の場が、「チームのヨミ会」の時なのだ。

例えば、次のように**「ヨミ表」で進展した具体的な案件を取り上げて聞く**のがお勧めだ。

「この○○会社の案件、CヨミからBヨミにランクアップしてるね。確か、競合サービスとコンペになっていたはずだけど、どうやって勝ち残ったの？」

というように、さらに具体的な商談場面を特定して確認するのだ。

そして、

「この商談の場合は、Y社での導入事例が有効でしたね」というような回答があったとすれば、

「なぜ、Y社での導入事例を提示することにしたの？」と、そのアクションを行った意図や狙いをさらに掘り下げて聞くことがポイントだ。

すると、

「そりゃあ、この業界ではY社は大手だし、求める品質基準が高いことは有名だから、そこと取引できることになった経緯を説明すれば、ウチの技術のレベルを認識してもらえると思ったからですよ」

というように、同じ事例を説明する場合でも、**優劣の差が生じるポイントが明らかになってくるのだ。**

▶精密部品メーカーX社の初回訪問場面での勝ちパターン例

進展した具体的な案件を取り上げて、「勝ちパターン」を共有すること

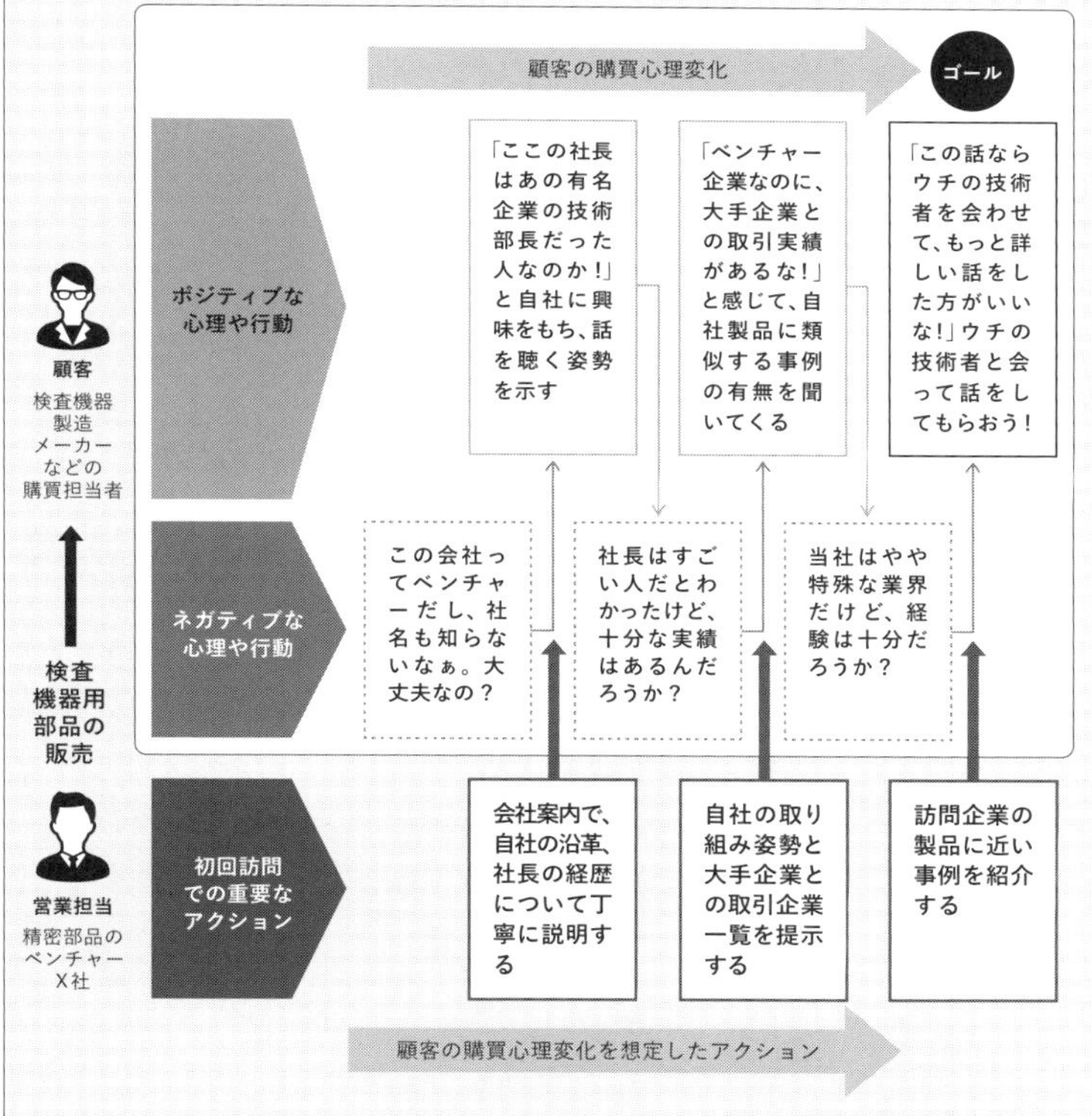

顧客の購買心理変化
ゴール
顧客
検査機器製造メーカーなどの購買担当者
検査機器用部品の販売
営業担当
精密部品のベンチャーX社
ポジティブな心理や行動
ネガティブな心理や行動
初回訪問での重要なアクション
「ここの社長はあの有名企業の技術部長だった人なのか！」と自社に興味をもち、話を聴く姿勢を示す
「ベンチャー企業なのに、大手企業との取引実績があるな！」と感じて、自社製品に類似する事例の有無を聞いてくる
「この話ならウチの技術者を会わせて、もっと詳しい話をした方がいいな！」ウチの技術者と会って話をしてもらおう！
この会社ってベンチャーだし、社名も知らないなぁ。大丈夫なの？
社長はすごい人だとわかったけど、十分な実績はあるんだろうか？
当社はやや特殊な業界だけど、経験は十分だろうか？
会社案内で、自社の沿革、社長の経歴について丁寧に説明する
自社の取り組み姿勢と大手企業との取引企業一覧を提示する
訪問企業の製品に近い事例を紹介する
顧客の購買心理変化を想定したアクション

優秀な営業は、このように進めば上手くいく、
というストーリーをパターン化して持っている！
他のメンバーが苦労している部分に焦点を当てて、チームで共有する

「神は細部に宿る」という格言があるが、これは、「細かい部分までこだわり抜くことで、完成度が高まる」という意味だ。つまり、成果につながっているコツやノウハウは、ちょっとした工夫や微細な言い回しの違いであることが多い。そこを引き出し、チームで共有するためには、より個別具体的な話ができる「チームのヨミ会」の場面が最適なのだ。

このように「チームで行うヨミ会」は、単に数字のすり合わせに終始するのではなく、「ヨミ表」に記載されている旬な商談を題材に、ノウハウ交換や知恵出しをすることで、営業メンバーは刺激を受け、創造的な議論の場となる。

04

Sales Forecasting Management

営業チームで行う「ヨミ会」で、ヒューマンレベルを高める

この章では、チームビルディングに必要な3要素である、ベクトル・プロセス・ヒューマンを、「チームのヨミ会」の場に組み入れる方法について述べている。ここでは、3つ目の「ヒューマン」、すなわちメンバー同士の関係性を高めていく風土づくりについてお伝えしたい。

前述の通り、私は次の3つの観点でチーム内のヒューマンレベル（メンバー同士の関係性）をチェックしている。

1. 他のメンバーの商談内容に興味・関心を持っているか？

例えば、他のメンバーの「ヨミ表」をよく見ていて、その商談内容や営業経緯、営業面で工夫していることについて、オープンに聴き合い、教え合う風土になっているか？

2.他のメンバーが努力していること、編み出した知恵を承認・賞賛しているか？

「プロセス」の部分でも述べたように、他のメンバーのこだわりや、編み出したノウハウ、コツに対して、「すごいね」「さすがだね」とリスペクトする風土になっているか？

3.チームに貢献したメンバーにスポットライトを当て、承認・賞賛しているか？

個人として高い業績をあげているだけでなく、チームが苦戦している時や苦労しているメンバーに対して、本来の役割を超えて一肌脱いで貢献してくれたヒーロー、ヒロインをリスペクトする風土になっているか？

概ね、この3点が満たされている営業チームは、メンバー同士の関係性は極めて高いレベルにある。次ページ図の「成功循環モデル」が示すように、「**関係の質**」が高まると、「**思考の質**」が上がり、それに伴い「**行動の質**」が向上し、高い「**結果の質**」へとつながってい

▶ 成功循環モデル

「関係の質」が高まると、「思考の質」が上がり、
それに伴い「行動の質」が向上し、高い「結果の質」へとつながっていく

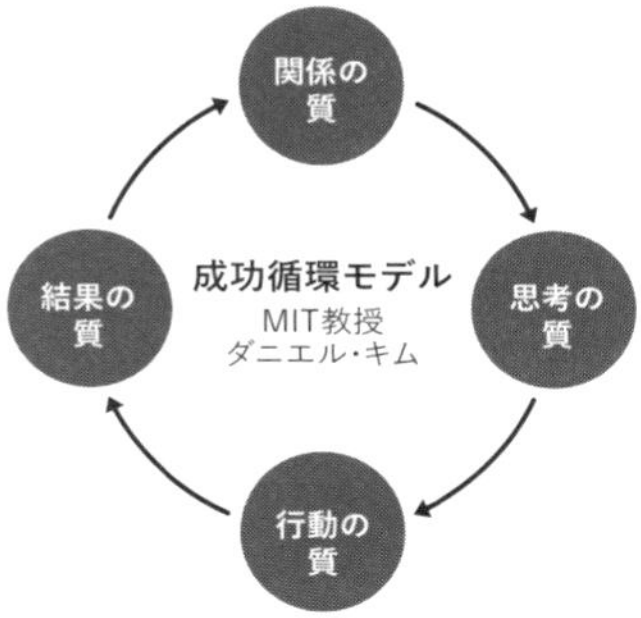

「関係の質」には、常日頃のコミュニケーションのあり方が大きく影響する

く。そして、結果が出ることで、さらにチーム内の関係性が良くなっていく好循環を生み出すのだ。

つまり、チームの「ヒューマン」レベルを上げていくことは、メンバー育成にもつながり、チームの業績向上にも寄与する起点となる部分なのだ。では、営業マネージャー、リーダーとして、チームの「ヒューマン」レベルを上げていくためには、どのような打ち手を講じていくと良いのか、このあと述べていきたい。

当然のことではあるが、メンバー同士の関係の質は、「チームのヨミ会」と

いう場だけで高まっていくものではなく、**常日頃のコミュニケーションのあり方が大きく影響する。**

例えば、極めて基本的なことから挙げていくと、**挨拶の習慣**がある、「ありがとう」という**感謝の言葉を伝える習慣**があるなどだ。そして、業務とは直結しない**ちょっとした会話を交わす「場」が存在している**ということも大きな要因となる。

小学生相手の講話のように聞こえるかもしれないが、侮ることなかれ一流企業でも、このような行動を促す施策を実施しているところは数多い。

一流ホテルのリッツ・カールトンの「ファーストクラス・カード」は有名なのでご存知の方も多いと思う。従業員同士で、手伝ってくれた人、助けてくれた人に、感謝のメッセージを書いてカードとして渡す制度だ。その内容は従業員食堂に掲示され、カードを数多くもらった人だけでなく、人に数多くカードを渡した人も人事的に高く評価されるのだ。

住設機器の販売会社の事例

私が仕事で関わった住設機器の販売会社でも、日常のコミュニケーションにひと工夫を加え、「関係の質」を変えていくことで、大きく業績が変わった事例がある。

この会社では、機器の修理、点検を行うチームが既存顧客のフォローを行いながら、そこから新たなニーズをキャッチして、その情報を営業チームに引き継ぐことで、売上を上げていく営業スタイルを推進しようとしていた。修理点検チームがニーズをキャッチすると、「引き継ぎシート」に記入して、それが営業チームのリーダーに渡り、リーダーから営業メンバーに振り分けられる仕組みだ。修理点検チームと営業チームとの情報連携レベルが、営業成果に大きく影響するのだが、当初、両チームの「関係の質」は良くなかった。

具体例を挙げると、修理点検チームから営業チームへ「引き継ぎシート」が回ってきても、そこに記載されているニーズ情報が不明確な場合は、優先順位を落としてしまう営業メンバーが数多くいた。情報を提供したチームからすると、お客様からのご相談やお困りごとなので、「もっと早く対応してよー」というわだかまりが生じていた。

また、営業に長けたメンテナンス担当は、どうせ営業チームに情報を引き継いでも、ちゃんと営業してくれないだろうから、自分で機器販売を完結させてしまおう、という姿勢に変わっていった。しかし、本来の業務の修理作業にしわ寄せが生じてしまい、お客様の約束の時間に遅れてしまうなど、顧客満足を落としてしまう事態も生じていた。

そのような事態が生じている背景としては、両チームが入っている建屋が別々で離れており、それぞれの**メンバーが顔を合わせ、自然に会話を交わす物理的な「場」が存在していなかった**ことが挙げられる。

「引き継ぎシート」が不十分であっても、職場で声をかけて、「この案件、ココをもう少し詳しく聞かせて」「お客様って、どんな人だった？」というような情報を補完するやりとりや、「ごめん、実はこの時は、次のアポイントに遅れそうだったから、詳しく聞けていないんだ」という、メンバーの状況などを理解するやりとりが行われにくい構造だったのだ。

そこで、悩んだ両チームのリーダーは、思案の末、次のような策をひねり出した。

◎「引き継ぎシート」をもらった営業メンバーは、必ず修理点検チームの建屋に立ち寄って帰ってくること。

◎そして、感謝の気持ちとして、小さなチョコを「チョコットしたお礼です」と言って渡すこと。もし、相手が不在の場合は、チョコに付箋をつけてメッセージを残すこと。

※ちなみに、手渡すチョコは会社の備品として、チームリーダーが購入して職場にストックされている

◎「引継ぎシート」をもらった営業メンバーが機器の成約を獲得できた時には、修理点検メンバーは、返礼チョコとお祝いメッセージを添えて営業メンバーに渡すこと。

※情報提供した修理点検メンバーにも売上の50%が計上される制度なっている

という**両チームの「関係の質」を高めるルール**を発表した。

男性が圧倒的に多い職場で、このルールを聞いた現場はざわついたが、あまりにも真剣にそのルールの意図を説明するチームリーダーと、駄洒落の効いたルール内容とのギャップに一同苦笑いしながら、結果としては面白がってやりだした。

この取り組みの効果は大きかった。たった2ヶ月間で、「引き継ぎシート」の枚数が2倍になり、連携プレーによる成約率は、1・5倍になった。

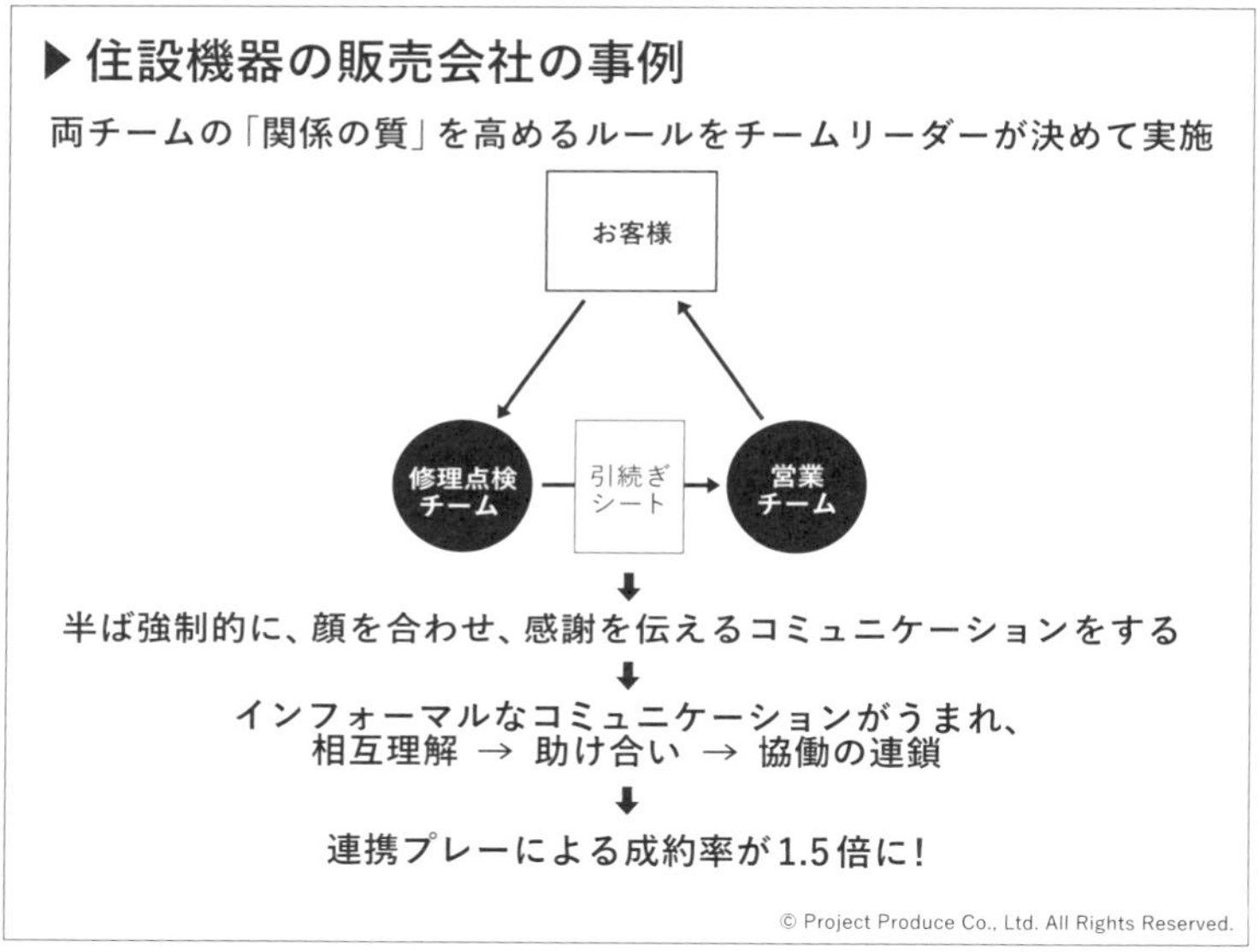
▶ 住設機器の販売会社の事例
両チームの「関係の質」を高めるルールをチームリーダーが決めて実施
お客様
修理点検
チーム
引続ぎ
シート
営業
チーム
半ば強制的に、顔を合わせ、感謝を伝えるコミュニケーションをする
インフォーマルなコミュニケーションがうまれ、
相互理解 → 助け合い → 協働の連鎖
連携プレーによる成約率が1.5倍に！
© Project Produce Co., Ltd. All Rights Reserved.

半ば強制的に、顔を合わせ、感謝を伝えるコミュニケーションをすることになったわけだが、当然のことながら、それだけで終わるわけではなく、「引き継ぎシート」には書かれていない情報のやりとりが自然に行われるようになったからだ。

例えば、経験の浅い営業メンバーが、「お恥ずかしい話ですが、まだこの機器を売ったことがなくて……、せっかくシートをもらったのに、ちょっと不安でして……」と吐露すると、「なんだ、そうなのか、じゃあ、時間を合わせて一緒に行ってやるよ」と、ベテランの修理担当がフォローをする

光景や、

「俺は、修理職人だから、お客様と気の利いたやりとりするのは苦手なんだよ……」と漏らす古株の修理担当に、営業メンバーが、

「それなら、僕でよければ1ヶ月ほど、一緒にお客様を回りませんか？ その時に、ニーズの聞き方をお見せしますよ！」「そのかわり、自分は修理に興味があって、このあと技術職試験を受けたいと思っているんですよ。ちょっと、教えてもらってもいいですか？」

と言ったような、**インフォーマルなコミュニケーション**※**も同時に発生していた。**

※組織や集団内で行われる、非公式かつ偶発的なコミュニケーションのこと。職場における雑談など

このような会話が発生することで、これまで顔を合わせることも少なかったメンバー間に**相互理解が深まり、助け合う気持ちが生まれ、協働関係に発展するという変化が組織内で起きている。そして、良い結果につながれば、メンバー間で信頼関係が築かれてくる。**

ここまでくると、「関係の質」が大きく進化したと言えるだろう。

「相互理解→助け合い→協働」が発生する場をつくれ

企業各社が取り組むDXによって、営業現場でも、テレワーク、オンライン会議、AIを活用したセールスオートメーションなどが急速に広まっている。それに伴い、非対面型のコミュニケーションも日常化しつつある。効率化は進む一方で、「つながり」を求める枯渇感は高まってきていると思う。

ここで取り上げた「住設機器の販売会社の事例」も、当時の外部環境の状況は違えど、顔を合わせ会話を交わす物理的な「場」がなかったという状況は類似している。その状況を踏まえたうえで、チームのヒューマンレベルを高めていった取り組みは、示唆に富む部分が多い。

非対面型のコミュニケーションが多くなると、どうしてもインフォーマルなコミュニケーションは削ぎ落とされ、相互理解の機会は失われる。そうなると、自然発生的な協働活動も生まれにくくなる。この負の循環に陥らないようにするためには、**マネージャーやチームリーダーが最初は音頭をとって、「相互理解→助け合い→協働」が発生する場を意図**

的につくりだすことが重要となる。

最近、ミーティングの冒頭で、「**チェックイン**」という手法を取り入れている会社が増えてきている。ホテルにチェックインするのと同じように、ミーティングという場に入り、気持ちを切り替えるために行うものだ。

やり方は簡単で、ファシリテーター（司会）役から、**チェックインの主旨を説明した上で、**「最近のトピックス、マイブーム、今、気になっていることなど、ひとり1分でお願いしますー」

と投げかけるだけだ。大体、最初はみんな戸惑うので、「じゃあ、司会の私から、言いますね〜」と切り出すと、自然に他の人も話し始める。アイスブレイクの意図もあるため、最初に口火を切る人は、あまり堅苦しくならないようなテーマを話すこともポイントだ。

別にテーマはなんでもよく、短い雑談時間を意図的に設定して、相互理解を深め、対話のスイッチを入れるのが目的だ。オンライン会議こそ、インフォーマルなコミュニケーションが省略されるため、チェックインという儀式を入れることはお勧めだ。

「チームのヨミ会」という場でも、相互理解→助け合い→協働を促すことはできる。もちろん、いきなり数字の話に入る前に「チェックイン」を試してみて欲しい。さらに相互理解を深めるコミュニケーションをするポイントは、**「ヨミ表」に書かれている内容を題材にしながら、営業メンバーの想いやこだわりを引き出すことがポイントだ。**

例えば、

「○○さんの最近の商談は、果敢に役員層へのトップアプローチにチャレンジしているよね、何かキッカケでもあるの？」というような投げかけをしてみると、

「この前、先輩と同行した商談で、大手企業の役員と経営視点で話をしているのを見て、まあ、正直かっこいいなあと思いまして～」「でも、なかなか役員クラスの方と面談をセットすることができなくて……」と、本音を言い始めるかもしれない。

「そういうことかぁ、じゃあ、このヨミ会が終わったら、作戦を一緒に考えてみようか」と、手を差し伸べる仲間が出てくるかもしれない。

一般的には、メンバー同士が本音を出し合うオープンな場になると、相互理解が深まる。

▶「チェックイン」を行い、インフォーマルなコミュニケーションをつくり出す

会議の冒頭で、短い雑談時間を意図的に設定し、
相互理解を深め、対話のスイッチを入れることが目的

例：ファシリテーター（司会）役から、チェックインの主旨を説明

「最近のトピックス、マイブーム、今、気になっていることなど、ひとり1分でお願いしますー」と投げかける。「じゃあ、司会の私から、言いますね～」と切り出すと、自然に他の人も話し始める。

◎「ヨミ表」に書いている内容を題材にして、トピックスをコメントするのもOK
◎あまり堅苦しくないテーマを選ぶことで、アイスブレイクになる

⬇

インフォーマルなコミュニケーションが省略されてしまう
オンライン会議こそ、「チェックイン」という儀式が有効！

副作用として、軋轢が生じる場合もあるが、そこも正面から向き合う場づくりをマネージャー、リーダーが腹を括って取り組むことがチームビルディングの要諦だ。

お互いの持ち味の理解が深まれば、その先の助け合いや協働は、徐々に生まれてくる場合が多い。そんな化学反応がチーム内で起きるキッカケをつくり、場をホールドすることが、営業マネージャー、リーダーには求められている。

次の第5章では、私が仕事として関わらせて頂いたお客様や、取材を行った事例を取り上げ、「ヨミ表マネジメント」の活用方法とその効果について解説する。

第5章

ヨミ表マネジメントの効果事例

〈事例1〉

下位20％の成績から、全国トップ10入りした営業メンバーAさんのケース

まずは、ある営業メンバーが「ヨミ表」を活用することで、意識と行動が変わり、飛躍的に業績が向上した事例をお伝えしたい。

【背景】

Aさんは、営業経験15年になる大手事務機器販売会社の営業職だ。人事異動に伴い勤務地が変わってから、営業成績が低迷し始め、下位20％レベルまで落ち込んでしまった。そこで、Aさんには、「ヨミ表」を作成してもらい、最初の半年間は個別コーチングを行なった。その後、Aさんの営業成績は順調に回復し、1年後には全国トップ10に入り、好業績者として表彰を受けるまで躍進した。

心理的プレッシャーが、数字を見る視野を狭くする

Aさんの会社では、単月度で営業目標が設定され、毎月コンスタントに目標達成することが重視される。そして、上司もそれを求めてくる。このような風土の場合、起こりがちな現象としては、すべての営業パワーを当月の目標達成だけに費やしてしまい、翌月になると、またゼロから積み上げていく自転車操業に陥ることだ。

Aさんも当時の心境をこのように語っている。

「どうしても、単月で追いかけて数字が行き詰まっていた」

「押し売りや、お願い営業ばかりになっていた」

「次第に、懇意にしていただいているお客様が、離れてしまうこともあった」

ある程度の営業経験を積めば、このような状況になることを頭では理解している人は多い。でも、そこから脱却するために、自らの意識と行動を変えることができずにいる人も数多くいる。大半の場合、心理的要因が大きい。目標達成に対するプレッシャーから、**「まずは今月だけでも達成して、気持ち的に楽になりたい」という心理状態になり、視野が狭**

くなってしまうのだ。

「ヨミ表」の活用によって、数字を見る視野が単月度から3ヶ月スパンに変わった

そこで、Aさんには、中長期的な視野で現状を俯瞰してもらうためにも、実際に「ヨミ表」に数字を入れてもらった。その時の感想を次のように振り返っている。

「この先の足りない数字がハッキリした」

「足りない数字が明確になると、どんな商品を、どのタイミングでお勧めすると、数字が埋まっていくのか、イメージが湧いてきた」

「3ヶ月スパンで商談を組み立て、無理のない営業ができるようになってきた」

このように、視野狭窄になり、悪循環に陥っている営業メンバーに対しては、時間軸を長めにとって、手持ちの商談案件を「ヨミ表」に記入させることが有効だ。そうすることで、**「この先の残数字」を直視することができる。そうすることで、具体的な営業イメージ**

を冷静に考えられるようになるのだ。

高単価な商談を早めに仕込む活動に切り替えた

さらにAさんが、自転車操業状態から脱却するために意識して実践したことは、小さな売上規模の商談で、目先の日銭を稼ぐ非効率な営業から、難易度は高いが高単価な商談を早めに仕込むことだ。実際に、腰を据えて営業活動をすることで、**受注単価の大きな案件を獲得することができ、営業効率が大幅にアップした。**

次ページの〈事例1〉の図表を見て欲しい。区分①の顧客群に真っ先に営業することは誰でもするが、そのようなお客様は数多くは存在せず、そこに営業するだけでは目標数字は達成しないことも、誰もがわかっている。

では、次にどの区分のお客様にアプローチするかが問題となってくる。Aさんがこれまで陥っていた非効率な営業とは、主に区分③のお客様にアプローチしていたということだ。ここは、すでに取引のある既存顧客や、その中でも懇意にしてくれるお客様が多い。

事例1　下位20％の成績から、全国トップ10入りした営業メンバーAさんのケース

Before　**目先の数字が欲しいため、区分③のお客様ばかりにアプローチ**

◎受注単価の低い商談を数多く抱え、無理なお願い営業を繰り返し、次第に懇意にしている顧客も離れてしまった…

⬇

After　**区分②に属する未取引客にターゲッティングしてアプローチ**

◎短期刈り取り型の営業を改め、3ヶ月で結果を出す計画で、高単価な商談を早めに仕込む活動に切り替えた

		営業難易度	
		難	易
ポテンシャル（期待できる取引規模）	高	**区分②** 難易度は高いが、取引単価は大きい顧客群	**区分①** 最優先群
	低	**区分④** アプローチしても無駄な顧客群	**区分③** 営業パワーをかけがちだが、見返りは少ない顧客群

事例1　**下位20%の成績から、全国トップ10入りした営業メンバーAさんのケース**

好循環が回りだした！

受注単価が上がるので、少ない受注件数で目標達成できる

⬇

時間的にも、心理的にも余裕が生まれる

⬇

顧客情報の収集、提案準備に時間を掛けることができ、受注確率が高まる

⬇

少ない商談数でも、受注件数が確保でき、目標達成ができる

⬇

さらに時間的にも、心理的にも余裕が生まれるので、高単価案件の仕込みに時間を割くことができる

心理的に足を運びやすいため、発注してもらえても低単価な取引になってしまうと薄々わかりつつも、目先の数字が欲しいから、区分③のお客様に営業パワーを割いて、受注単価の低い商談を数多く抱え、無理なお願い営業をしてしまうのである。その結果、次第に懇意にしている顧客も離れていき、ますます先細りする悪循環が起きてしまうことが多い。

そのことに気づいたAさんは、**区分②に属する未取引客をターゲッティングして、アプローチをするスタイルに転換したのだ。未取引客なので関係構築までに時間を要するが、3ヶ月で結**

果を出す計画で腰を据えて営業することにしたのだ。

この気持ちの余裕が生まれてきた背景には、「ヨミ表」に具体的な案件と数字を入れて、足りない数字を効率的に埋めていく術を冷静に考え直し、**短期刈り取り型の視点から脱却できたからだ。そして、区分②にターゲットを定め、勇気をもってアプローチすることにしたからだ。**

この効果はてきめんで、次に示す好循環が回り出した。

- 受注単価が上がるので、少ない受注件数で目標達成できる
- その結果、時間的にも、心理的にも余裕が生まれる
- その結果、顧客情報の収集、提案準備に時間を割くことができ、受注確率が高まる
- その結果、少ない商談数でも、受注件数が確保でき、目標達成ができる
- その結果、さらに時間的にも、心理的にも余裕が生まれるので、高単価案件の仕込みに時間を割くことができる

このように、自分に与えられている時間の使い方を変えることで、良い連鎖反応が生ま

れ、高い成果に結びついていくことがおわかり頂けたと思う。Aさんは、全国でトップレベルの営業成績なった今の方が、以前よりも早く帰宅できるようになっているそうだ。

顧客ポートフォリオ表を作り、計画的な仕込み活動を行う

次ページの図は第3章でも例に挙げた顧客ポートフォリオ表で、自分が担当する既存顧客と見込み顧客名を記入し、それぞれの顧客から期待できそうな金額を落とし込んだものだ。これは、半年~1年といった、やや長い期間で見込めそうな数字を記入している。

実際にAさんも、これと同じような表を作成して、商談案件の仕込み活動を計画的に行っている。Aさんは、**次ページ図の④⑤⑦⑧のマス目に該当しそうな未取引客を定期的にリストアップしてアプローチしている。**

すぐに商談にならなくても、**顧客とやりとりができ、金額や受注時期、難易度がヨメると、適切なマス目に仕分けて、精度の高いアプローチリストを作っている**のだ。そして、3ヶ月先の「ヨミ表」の残数字を見ながら、「そろそろ、このお客様に再度アプローチして

事例1

下位20%の成績から、全国トップ10入りした営業メンバーAさんのケース

顧客ポートフォリオ表を作り、計画的な仕込み活動を行う

縦軸：受注時に期待できる取引規模 ＼ 横軸：受注確率	低	中	高
大 (Large)	⑦ Large・低 ＊＊＊＊：###万円 ＊＊＊＊：###万円	④ Large・中 ＊＊＊＊：###万円 ＊＊＊＊：###万円	① Large・高 ＊＊＊＊：###万円 ＊＊＊＊：###万円
中 (Middle)	⑧ Middle・低 ＊＊＊＊：##万円 ＊＊＊＊：##万円	⑤ Middle・中 ＊＊＊＊：##万円 ＊＊＊＊：##万円	② Middle・高 ＊＊＊＊：##万円 ＊＊＊＊：##万円
小 (Small)	⑨ Small・低 ＊＊＊＊：#万円 ＊＊＊＊：#万円	⑥ Small・中 ＊＊＊＊：#万円 ＊＊＊＊：#万円	③ Small・高 ＊＊＊＊：#万円 ＊＊＊＊：#万円

（⑦④⑧⑤の枠内）ここに該当する未取引客を定期的にリストアップ

⬇

商談化して具体的な金額や時期が見えたら、「ヨミ表」に転記する

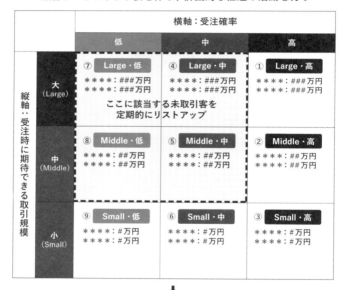

みよう」と、優先順位の高い見込み客から順に営業することで、営業効率を高めている。

このように、「顧客ポートフォリオ表」によって、中長期的な視点での新たな案件の仕込みを行い、そこから商談化した案件を「ヨミ表」に移し、安定的に効率的に目標達成するシクミをつくることが重要だ。そうすることで、この時期に、これくらいの仕込みがあれば達成できそうだ、という感覚がわかるようになってくるのだ。

最後に、Aさんは今の上司に感謝していると言っていた。

「このような営業の組み立てができるまで、上司は我慢して見守ってくれた。自分が立ち直れたのは、その心理的な猶予を与えてくれたからだ。」

この言葉の通り、Aさんは自分の力で目標達成するシクミを作り上げた。それが大きな自信になっている。そして、本書で謳っている「個人事業主感覚・ミニ経営者感覚」にAさんは近づいてきている。それまでに、多少タイムラグがあったと思うが、その間、「あれをやれ！」「これはやったか？」といった **〝行動指示型〟のマイクロマネジメントをAさんの上司は控えていた**のだと思う。**営業メンバーの自律自走を促すマネジメント例としても、参考になる事例だ。**

〈事例2〉

当初の営業計画の大幅見直しを機に、「ヨミ表」を導入した研修会社のケース

新型コロナウィルスの影響で、当初の営業計画を大幅に見直すことを余儀なくされた企業は多いと思う。このようなピンチを乗り切るために、営業チーム全員で現実を直視し、再起を図るために「ヨミ表」を導入した例をご説明したい。

【背景】

世界の主要企業で数多くの導入実績を持つ、マネジメント研修、リーダーシップ研修を提供している研修会社の事例である。これまで強力な研修コンテンツ力を武器に、売上も順調に伸ばし、本年度は前年20％増の営業目標にチャレンジする計画だった。ところが、新型コロナウィルスの影響で、予定された研修のキャンセル、延期の相談が相次ぎ、当初の営業計画を大幅に見直すことを余儀なくされた。

そこで、対面での研修実施が難しくなったことから、オンライン型の研修に仕様変更し、

再営業する方針を固めた。

風向きが変わっても、デフォルトの営業スタイルを変えるのは難しい

これまでは効果的なプロモーション方法を見出しながら、見込み客からの引き合いを増やしてきた。営業メンバーはその見込み客への営業や、既存顧客への継続、追加の提案を行うだけでも忙しい状況だった。そして、それをやり切れば、前年を上回る結果がついてくる好循環が回っていた。ところが、その引き合いが止まり、活性化していた顧客基盤が冷めてしまったのだ。

例えるならば、これまでは追い風をしっかり掴んで、うまく波を乗り越えていくスキルを身につければ、ゴールにたどり着けたのだが、その追い風がピッタリと止まり、潮の流れも逆向きに変わったようなものだ。今度は、必死で漕がないと、押し戻されてしまう。追い風を乗りこなして目的地に着くのと、自力で漕いで行くのとは全く勝手が違う。営

業メンバーがこの変化にすぐに順応するのは、非常に難しい。

どれくらい押し戻されて、ゴールまでどれくらい漕がないといけないのか、その感覚がわからないから、途方に暮れてしまうのだ。

冷静に現状を見つめ直し、数字をヨミ直す

この会社の営業チームの対応は早かった。すぐに「ヨミ表」の導入を決め、Aヨミ、Bヨミ、Cヨミの基準を合わせて、お客様に商談案件を一つひとつ確認しながら、仕分けをし直していったのだ。

研修実施が決まっていた案件をCヨミに落としたり、「ヨミ表」から削除する作業は、残念な気持ちになってしまう。しかし、初期段階で、しっかりとお客様とやりとりをして状況を確認し、オンライン研修への切り替えを促し、ヨミを立て直すことで現在地がハッキリしてくるのだ。

もちろん当初の予定よりもダウンすることになるが、確実にヨメる数字はここまで、そ

れに現時点でのAヨミ、Bヨミを加えると更にここまでは到達できそうだ、というリアル**な数字を冷静に見つめ直すことで、修正目標を立てやすくなる。そして何よりも、その修正目標に対するチームのコミットメントも高くなるのだ。**

営業メンバーが攻めの気持ちに変わる

営業チームの業績低迷が続くと、チームメンバーの気持ちも諦めモードになってしまう。ここで大事なのは、もう一度ファイティングポーズを取るマインドセットを行うことだ。それは何も、「気合いを入れろー」「諦めるなー」と叫ぶことではない。前述のとおり、冷静に現状を見つめ直し、**数字を精緻にヨミ直し、チームで修正目標を設定し直すプロセスが、ファイティングポーズを取ること**なのだ。

この事例で取り上げている営業チームでも、同様の取り組みを行うことで、次のような変化が起こり始めた。

事例 2　**当初の営業計画の大幅見直しを機に、「ヨミ表」を導入した研修会社のケース**

これまでの営業スタイル

見込み客からの引き合いへの対応、
既存顧客への継続追加の提案をすることで、
好業績を維持することができた。

新型コロナウィルスの影響で、これまでの“追い風”が止まり、
当初の営業計画を大幅に見直すことを余儀なくされる。

⬇

お客様に商談案件を一つ一つ確認しながら、数字をヨミ直す
冷静に現状を見つめ直すことで、
営業メンバーが攻めの気持ちに変わる

「ヨミ表」の更新頻度が高まってきたのだ。更新頻度が高まるのは、担当するお客様とのコミュニケーション量を増やし、案件を動かそうとしているからだ。

実際に、「ヨミ表」を導入した後の営業メンバーの変化を客観的に見ている営業スタッフは、次のように語っている。

「『ヨミ表』の変化を見ると、みんなが案件を動かそうとしていることがわかる。ちゃんと動かしている人は、売上が上がっている」

この営業チームでは以前から、月に1回、マネージャーとメンバーとの

1on1ミーティングを実施し、月1回第二週目にチーム会を定期的に実施していた。そのタイミングに合わせて、各メンバーが自分の「ヨミ表」をアップデードする習慣が定着化してきたのだ。

では営業メンバー自身は、「ヨミ表」の導入によって、どのように意識や行動が変わったと感じているのか、その振り返りコメントをいくつかご紹介したい。

・これまでは、目が行き届かなかったCヨミ案件をくまなく見て、ランクアップをしようと意識するようになった。
・危機感を感じるようになった。ヨミをどうやってランクアップさせていけば良いかを模索するようになった。
・「ヨミ表」によって、どこにパワーを割けば良いか、わかるようになってきた。
・対面型研修から、オンライン型研修への切り替えができたところには、色をつけるようにした。

これらのコメントを見るとわかるように、チームの方針や目標に向けて、攻めていく姿勢が醸成されてきているのがわかると思う。

営業チームの足並みが揃う

個々の営業メンバーの変化だけではなく、営業チームの状態にも変化がでてきた。チームメンバーから聞けた振り返りコメントを見て欲しい。

・チームミーティングの流れがスムーズになった。
・商談の状況を共有しやすいように、各案件にコメントをつけるようにした。
・受注済み案件がキャンセルになった時は、その理由を共有し、今後の対応策をチームで検討した。
・数字の共有だけでなく、数字の中身を共有するようになった。
・他のメンバーの商談の進め方、ヨミをランクアップする方法を注意深く聞くようになった。

・他のメンバーの「ヨミ表」を見て、大きな金額の案件に着目して、どんな提案をしているのかを聞くようになった。

これらのコメントからもわかるように、新型コロナウィルスの影響で対面型のチームミーティングができなくなったこの営業チームは、**バーチャルな環境でも、「チームのヨミ会」がスムーズに進むように工夫している。**第3章でも述べたように、「ヨミ表」という共通のフレームワークと共通の言語が定着することで、コミュニケーションの観点が揃う。そして、報連相する手順が揃うことで、テンポ良く話が進むようになった。さらに、個々のメンバーが「ヨミ表」にコメントや色づけをするなどの工夫をすることで、**短時間で視覚的に情報共有できるように、コミュニケーションの仕方を進化させている**のだ。

さらに、**他のメンバーの営業活動に興味関心をもって、そこからヒントを得ようとしている。**次ページの図に示すように、スローガン、方針目標を明確化してベクトルを揃え、プロセスを整え、創造的な交流を生み出し、ヒューマンの要素が高まってきている。まさに、**みんなで力を合わせて目標を達成しようとするOne Teamへと進化し始めている。**

事例2 当初の営業計画の大幅見直しを機に、「ヨミ表」を導入した研修会社のケース

スローガン
お客様の学びを止めない！

方針・目標
◎研修をオンライン化して、キャンセル率を20%に抑える
◎「ヨミ表」で現状を見つめ直し、埋めるべき残数字を把握

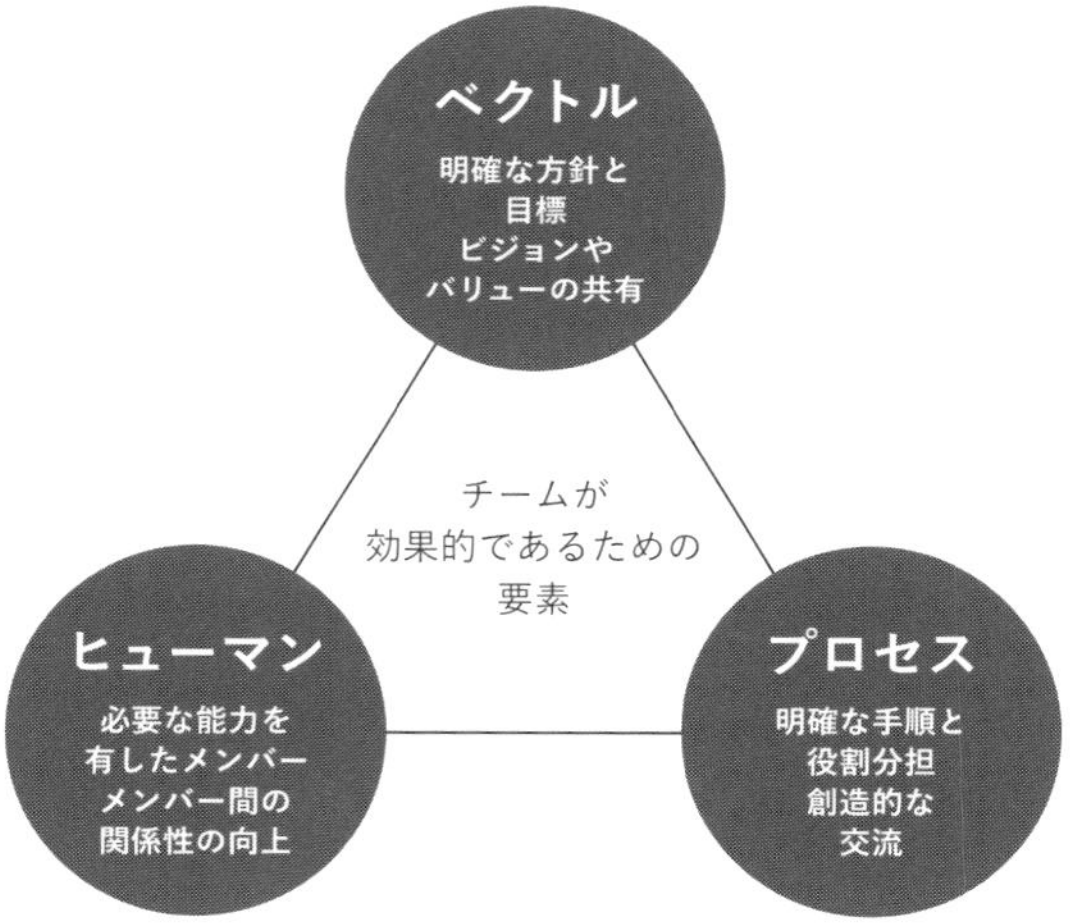

他のメンバーの営業活動に興味関心を持つ
◎他のメンバーの商談の進め方、ヨミをランクアップする方法を注意深く聞くようになった
◎他のメンバーの大きな金額の案件に着目して、どんな提案をしているのかを聞くようになった

◎「ヨミ表」を活用し、共通フレーム、共通言語、プロトコルを揃え、**バーチャルミーティングでもテンポ良く進む工夫を行う**
◎キャンセル理由を共有し、チームで対策を練る
◎数字の共有だけでなく、**数字の中身を共有する**

※『グローバル組織開発ハンドブック』（ピープルフォーカス・コンサルティング著）より引用

キャンセル率を20％に抑え、オンライン型研修への切り替え目標を達成

その後の経緯を説明すると、この営業チームは、「オンライン型の研修サービス」への切り替えによって、期初の時点で実施予定だった研修売上を守るべく、その80％は確保しようとする修正目標を立てた。そして、計画の立て直しから3ヶ月足らずで、キャンセル率を2割に抑え、この目標を達成した。もちろん、これは第一段階の目標をクリアしたに過ぎず、さらに挽回するための営業は、今も続いている。

この事例のように、新型コロナウィルスの影響で、当初の営業計画を大幅に見直すことを余儀なくされている企業は多いと思う。その際には、現実を冷静に直視し、計画を立て直し、チームの結束を高めて、立ち向かっていく体制をつくることが、マネージャーやリーダーに求められる。さらに、バーチャルな環境下でのコミュニケーションでも、チームマネジメントを効果的に行うためには、「ヨミ表」というツールは大きな役割を果たすと考えられる。

〈事例3〉
新たに立ち上げたコンサルティング事業を加速するために「ヨミ表」を取り入れたケース

新たに開発した商品、サービスを担ぎ、次の事業の柱へと成長させていくミッションの営業チームは、日々、試行錯誤の連続だ。チームメンバー全員で、その試行錯誤のスピードを高め、精度を徐々に上げている事例をご紹介したい。

【背景】

この会社は、ネット通販を行う専門店に向けたECシステムを主力商品として、大きく成長してきた企業だ。その既存事業で蓄積されたノウハウをもとに、新たにコンサルティングサービスを立ち上げた。このコンサルティングサービスを通して、顧客の課題を深く把握し、信頼関係を高めることで、新たな商品、サービスを導入して頂くことが、この会社の戦略だ。

この新規事業の責任者は、立ち上げ当初から先陣を切って営業し、そのノウハウを蓄積

事例3 新たに立ち上げたコンサルティング事業を加速するために「ヨミ表」を取り入れたケース

ネット通販専門店向けのITサービス会社
◎新規事業として、「コンサルティングサービス」の立ち上げ ◎顧客の課題を深く把握し、信頼関係を構築 ◎新たな商品、サービスを導入して頂く戦略

新規事業の責任者のミッション
◎自ら培ってきた、営業ノウハウ、営業数字の作り方を、新たなチームメンバーに共有 ◎事業の成長を加速させること

してきた。これからは増員された営業メンバーに対して、営業ノウハウや数字のつくり方を移植し、事業の成長を加速させることが新規事業の責任者に課せられたミッションとなっていた。

営業の勝ちパターンを設計する

コンサルティングサービスというのは、売りモノが明確な商品ではないので、一般的に営業は難しい。そこでまず着手したのは、**成功体験を持つ営業メンバーのノウハウを「勝ちパターン」として見える化して、メンバーに**

共有することにした。

私が、勝ちパターンを見える化する支援を行う場合、次ページの図に示すフレームワークを使い、成功体験を持つ営業メンバーのノウハウを体系化している。この図について少し補足説明しよう。

営業活動とは、製品・サービスの対象顧客を定め、その購買心理を高めながら意図する購買状態（ゴール）まで顧客を導く活動だ。私は、営業の勝ちパターンを、ゴール、プロセスゴール、キーアクションという3つのキーワードを用いて表現している。

1. ゴール：最終的なお客様の購買心理の状態
2. プロセスゴール：ゴールに向けたプロセスの中でお客様の購買心理が大きく進化するポイント（ゴールに向けた小さなゴール）
3. キーアクション：プロセスゴールに到達するための効果的な行動

ゴールとプロセスゴールは、お客様の購買心理の変化を表しており、お客様を主語に、

事例3

新たに立ち上げたコンサルティング事業を加速するために「ヨミ表」を取り入れたケース

勝ちパターンを見える化するフレームワーク

「勝ちパターン」とは、成果に結びつく、再現性の高い効果的な手法を、
誰もが実践できるように体系的に見える化したもの

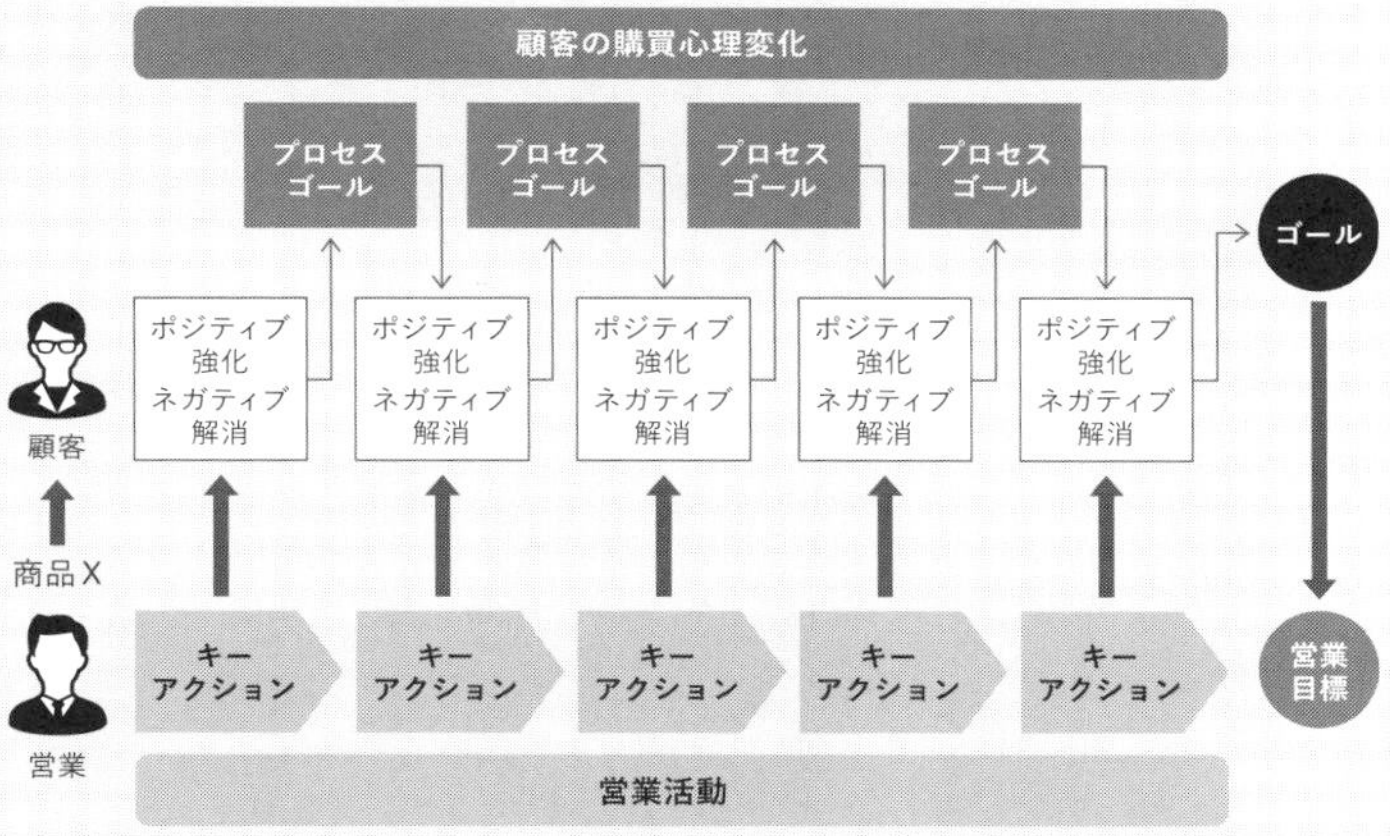

優れた営業パーソンはアクションの意図が明確であり、
購買心理を高めていく一連のストーリーがある

お客様の気持ち、考え、言動を表現する。キーアクションを繰り出し、購買心理の変化を促し、最終的にはゴール状態になる。その結果として、営業目標が達せられるという構造だ。

ハイパフォーマーは、アクションの意図が明確であり、購買心理を高めていく一連のストーリーを持って営業している。アクションの意図とは、まさしくプロセスゴールのことだ。つまり、このようなフレームワークを用いて構造化することで、成功体験を持つ営業メンバーのノウハウを体系的に見える化することができるのだ。

さらに、**勝ちパターンのプロセスゴールを描いていくことで、「ヨミ表」におけるAヨミ、Bヨミ、Cヨミの基準が明確になるのだ。**なぜなら前述のとおり、「確度のヨミ」は、お客様の反応を基準にするからだ。

この事業の責任者は、この勝ちパターンの作り方を熟知しているため、早々に勝ちパターンをメンバーに共有し、「ヨミ表」にも反映し運用し始めた。

こまめな1on1「ヨミ会」でヨミの基準が合うことで、新たな問題点も表面化

この営業チームでは、個々の営業メンバーとの「ヨミ会」を徹底して行っている。〈事例2〉でも述べたが、「ヨミ会」が定着することで「ヨミ表」の更新が促され、ヨミの基準が揃い、残数字に対する意識付けが促される。

実際に、このチームでもそのように進化している一方で、序盤は、目標数字を達成できない状況が続いた。だが、1on1での「ヨミ会」でメンバーとの対話を続けることで、目標が未達で終わる原因が見えてきた。新規案件の仕込み活動に十分な時間を掛けることができていなかったのだ。

第2章でも説明したが、好業績を維持するには、次に挙げる3つの活動へのパワー配分をバランスよく進める必要がある。

1. 受注した案件の納品活動

2. 商談を前に進め受注する活動
3. 新規案件の仕込み活動

だが、3つ目の**新規案件の仕込み活動は、どうしても優先順位が落ちてしまう。**このチームでも、今動かしている商談中の案件をなんとか受注したい気持ちから、**提案書の作成やお客様とのやりとりに時間をかけてしまう状況に陥っていた。**

ここで特筆したいのは、このような**原因究明ができたことだ。**「ヨミ会」において、「手持ちの案件を進めれば目標達成できる」というメンバーからの説明を、表面的に聞いているだけでは気づかないことが多い。いざ蓋を開けてみると、予定通り受注できず、それをリカバリーする案件もない。このようなサイクルを繰り返していることに、**上司が早く気づくことが重要**なのだ。

そのためには、「ヨミ会」の場面で、この案件は本当に受注できそうなのか、無理な営業をしていないか、それを判断するための情報をメンバーから引き出す必要がある。つまり、**メンバーが感じている不安、ネガティブな情報をオープンに共有する場をつくることが上**

司に求められるのだ。そして、**見込みが低いと判断すればヨミから落とし、新たに新規の案件を早期に仕込むことを、メンバーに教えていくこと**が重要となる。

上司の関わり方として、「どうして、商談が前に進まないのか」「これは、ちゃんとやったのか？」と問い詰めてしまう場合がよくある。これでは、**「ヨミ会」ではなく、上司に詰められる「ツメ会」になってしまう。**第3章でも述べたように、「ヨミ会」でパワハラ上司になると問題の真相が見えてこないのだ。

幸いにも、この営業チームの責任者は、その危険性をよく知っていた。「ヨミ表」を営業メンバーにレクチャーする研修の冒頭で、

「悪いことも、正直に書いて欲しい。そうしてくれたら、ちゃんと支援できるから」

というメッセージをしっかりと伝えていたことを鮮明に覚えている。

このように「ヨミ会」がこまめに、そして健全に行われることで、メンバーが直面している課題を、上司が早期に発見することができるのだ。

パワー配分を見える化して、バランスの取れた営業活動を意識付ける

目標が未達で終わる原因が明確になると、この営業チームではメンバーの意識と行動を変えていく新たな取り組みを始めた。

主な営業活動を項目に分け、それぞれの活動項目に掛けている**時間を見える化して、各営業メンバーを横並びに一覧できる日報を発行**し始めたのだ。具体的には、次の5項目における行動量の目安、その行動結果、掛けている時間の割合を表示している。

①新規アプローチリストの作成
②アポ取り
③商談中の案件への営業
④受注済みの顧客対応
⑤その他

この取り組みの狙いは、これまで疎かになっていた「新規案件の仕込み活動」を意識付けることだ。でも、単にこの項目の①新規アプローチリストの作成と②アポ取りをしろ！と号令をかければ良いというわけではない。①②をやることが目的化してしまい、今度は、③商談中の案件への営業や④受注済みの顧客対応が、疎かになってしまうからだ。

このチームの取り組みの秀逸なところは、詳細な行動レベルまで指示命令する**マイクロマネジメントをするのではなく、メンバー自身が最適なパワー配分を考え、見出していくことを促す施策を講じている**ことにある。

当たり前だが、個々の営業メンバーの状況によって、目標達成に向けたパワー配分は異なり、正解となる指標を示すことは難しい。それよりも、他のメンバーの動きも参考にしながら、自分のペース配分を客観視して、自分で考え感覚をつかんでいくトレーニングをするしかないのだ。そして、その習熟度が高まれば、この取り組みは終了し、また別の課題に対応していけばよいのだ。このチームでは、**タイムリーに課題を捉え、メンバーの意識と行動を変えていくシカケを繰り出している**ところが素晴らしい。

事例3 新たに立ち上げたコンサルティング事業を加速するために「ヨミ表」を取り入れたケース

正直にオープンに報連相できる「ヨミ会」によって、問題点が表面化

◎追いかけても成約できそうにない案件に時間を掛けている
◎提案書の作成に時間を掛け過ぎている

⬇

目標未達成の原因が判明

◎商談中の案件に、多くの時間を費やし、新規案件の仕込み活動に十分な時間を掛けられていないこと

⬇

パワー配分を見える化して、バランスの取れた営業活動を意識づける

◎仕事に掛ける時間を見える化して、各営業メンバーを横並びに一覧できる日報を発行

⬇

マイクロマネジメントではなく、最適なパワー配分を、メンバーが考え、見出していくことを促す

「勝ちパターンマネジメント」と「ヨミ表マネジメント」の合わせ技で事業を加速させる

この新規事業チームは試行錯誤をしながらも、着実に組織を拡充している。当初の戦略に則り、このコンサルティングサービスを通して把握した顧客課題に対して、新たな商品、サービスを提案する営業部隊を設置したのだ。わずか1年足らずでここまで到達しているスピード感だ。

その背景には、次図に示す「勝ちパターンマネジメント」と「ヨミ表マネジメント」が、この営業チームでうまく噛み合い機能している点にある。実際に、このチームでは**新規アプローチの活動量を増やしながら「勝ちパターン」の精度を高め、今度は営業の質を高めていく相乗効果が生まれている。**

具体的には、大手企業と中小企業向けでは、コンサルティングサービスに求めるニーズも異なり、営業の仕方も違ってくることが場数を踏むことでわかってきた。そこで、当初の勝ちパターンを見直し、**ターゲット別の勝ちパターンへとバージョンアップ**しているのだ。このチームでは、次に示す①→②→③と、うまく連鎖がつながり、営業チームが成長していると言える。

①「勝ちパターンVer.1」をつくり、営業メンバーに共有
→これによって、営業のコツを伝授して、早めに成功体験をさせる

②「ヨミ表」を導入し、活動量を上げる
→活動量が増えると、改善点が浮き彫りになる

③「改善点」を踏まえ、「勝ちパターン」をバージョンアップする
→さらに営業効率が高まり、活動量が増える

この事例のように、新規事業に取り組む場合は、初めから正攻法が確立されてはいない。だからこそ、「勝ちパターンマネジメント」と「ヨミ表マネジメント」を組み合わせながら、営業の質と量を徐々に高めていくマネジメントが必要となる。

事例3　新たに立ち上げたコンサルティング事業を加速するために「ヨミ表」を取り入れたケース

強い営業チームでは、「勝ちパターンマネジメント」と「ヨミ表マネジメント」が機能している。

勝ちパターンマネジメント

営業チームで、
以下の3つを一連で行う活動

①「売れ筋（**営業戦略**）」を共有し、

②「効果的な営業手法（**営業戦術**）」を編み出し、

③「営業手法の改善とメンバー育成（**改善と育成**）」を促す

ヨミ表マネジメント

営業チームで、
以下の3つを一連で行う活動

①「目標数字の意味づけと分担（**目標設定**）」を行い、

②「達成に向けたシミュレーション（**達成計画**）」を行い、

③「見込みの確認と達成に向けた活動の優先順位づけ（**見込み管理とパワー配分**）」を促す

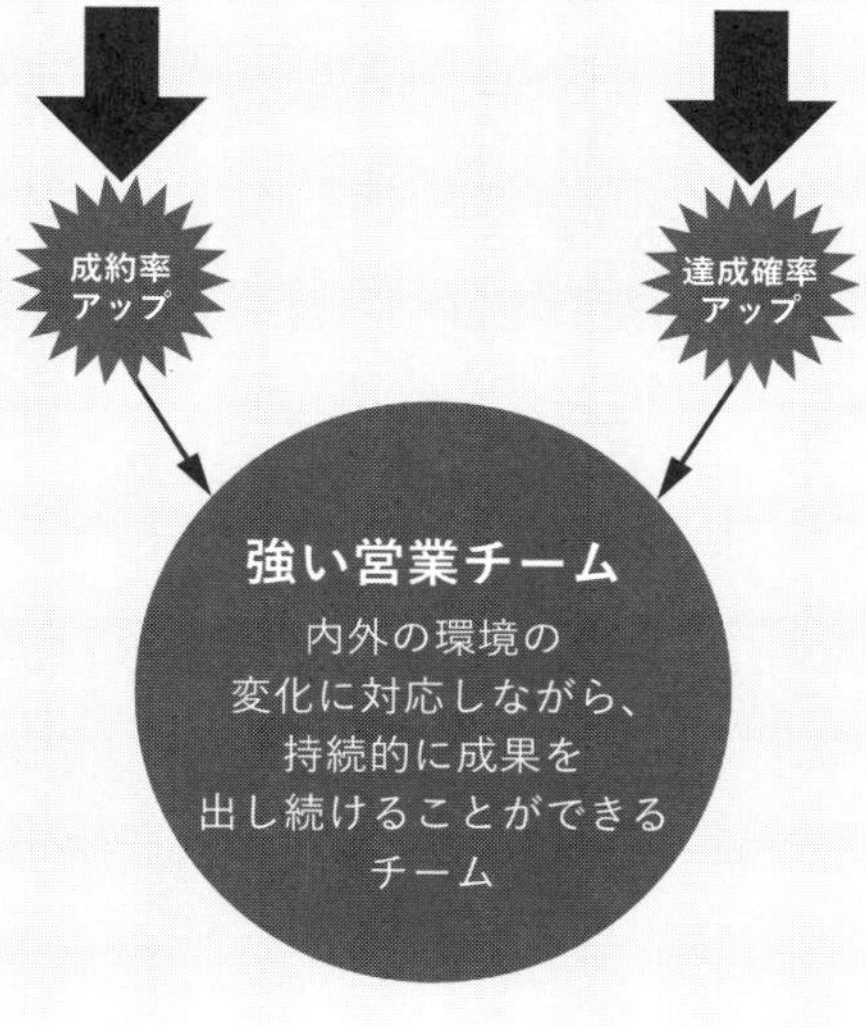

成約率アップ
達成確率アップ
強い営業チーム
内外の環境の変化に対応しながら、持続的に成果を出し続けることができるチーム

〈事例4〉

情報経営イノベーション専門職大学（愛称：iU）

最後は、大学入学者の募集に「ヨミ表マネジメント」を実践し、設立初年度で目標入学者数を達成したケースです。

この事例は、大学が入学者の獲得に「ヨミ表・ヨミ会」を活用し、短期間で成果を出した稀有な事例だが、一般企業の営業チームにも示唆に富む内容であるため、詳細にご紹介したい。

【背景】

2020年春、東京・墨田区に開学した「情報経営イノベーション専門職大学（以下、愛称：iU）」は、学校教育法の改正に基づき、設立できることになった〝専門職大学〟だ。新しいタイプの大学〝専門職大学〟は、既存の大学では対応できない、専門職分野の高度な実践力と、新たなモノやサービスを生み出す豊かな創造力を育てることを目的としている。

その中でも、iUの特徴は、学長に中村伊知哉氏（ロックバンドのディレクターを経て郵政省入省。MITメディアラボ客員教授、スタンフォード日本センター研究所長、慶應義塾大学大学院メディアデザイン研究科 教授を歴任）を迎え、大手企業の実務家を専任教員に、世界中の産業界から200名以上の客員教員を招き、約半年間の企業インターンシップや、学生全員が在学中に起業にチャレンジすることを目標とするなど、実践的なビジネス創造に向けたカリキュラムを掲げている。

一方、国内では少子化が進み、18歳人口が激減することから、大学の定員割れ、経営危機は高まっている。特に、iUのように設立したばかりで、まだ知名度も低い小規模大学が学生を集めることは容易ではなかった。ところが、他の専門職大学が軒並み定員割れしているなか、iUは、ターゲット設定通りの学生を、定員200名に対して、500名近い志願者を集め、入学者230名とほぼピッタリの入学者を確保することができた。

その成功要因について、当時の設立準備責任者の宮島徹雄氏は、

「**我々は数字のヨミ管理については、かなり精緻に行った自負がある。そして、募集に関わるマネージャー、メンバー全員が高い当事者意識をもってやりきった結果だ**」と言う。

事例4 大学入学者の募集に「ヨミ表マネジメント」を実践し、設立初年度で目標入学者数を達成したケース

情報経営イノベーション専門職大学（愛称：iU）

◎2020年春、学校教育法の改正に基づき設立できることになった“専門職大学”

◎実践的なビジネス創造に向けたカリキュラムを掲げ、初年度200名の入学者を目指す

◎他の専門職大学が軒並み定員割れしているなか、入学者230名を確保

〈ポイント〉

☑ 入学者を“待つ”のではなく、ターゲットを設定して“出願を促す”

☑ 入学者の視点に立ち、「ヨミの基準」を決める

☑ ヨミをランクアップさせ、「出願」へと導く勝ちパターンを設計

☑ 募集スタッフチームが圧倒的な当事者意識をもち、One Teamで取り組む

入学者を〝待つ〟のではなく、ターゲットを設定して〝出願を促す〟

一般的な入学者の募集方法は、ホームページや広告メディアで、資料請求やオープンキャンパスなどの説明会への参加を募り、その後は出願を待つだけのスタイルだ。しかし、iUは違う。名だたる一流大学と競り合い、狙った学生を獲得するスタイルだ。

この大学は、早期に起業し、世の中にイノベーションを起こすことを志す、

いわば〝トンガッた〟学生をターゲットとしていることから、母集団は少ない。更に、高い学力も求めることから、一流大学とも競合する構造だ。

iUの募集スタッフチームは、自分たちの**大学が求める要件の学生を見出し、競合大学と差別化しながら「出願」へと促す、極めて高度な営業活動をして、目標を達成した**のだ。

入学検討者の視点に立ち、「ヨミの基準」を決める

大学の場合は、最終的には試験による選抜があるため、募集活動のゴールは「出願」をしてもらうことだ。営業活動に置き換えると「申込書」を頂くことと同じだ。よって、iUの「ヨミ表」では、合格者の辞退予測も計算したうえで、「出願人数」が目標値に設定され、募集スタッフごとに「出願人数目標」が割り振られている。

そして、第2章でも説明した通り、Aヨミ、Bヨミ、Cヨミの定義が入学検討者の視点で定義され、「ヨミ会」を通してスタッフ間で認識を合わせている。例えば、Cヨミは「資料請求レベル（大学のホームページからだとC1、他媒体からだとC2と更に細分化して

いる)」、Bヨミは「併願レベル」、そしてAヨミは、「第一希望」というように、入学検討者の志望度合いで細かく設定し数値管理しているのだ。

ヨミをランクアップさせ、「出願」へと導く勝ちパターンを設計

さらに、この募集スタッフチームのすごいところは、担当する入学検討者を個別フォローして、Cヨミ↓Bヨミ↓Aヨミ↓出願へと導く有効なフォロー方法を編み出し、勝ちパターン化しているところだ。特筆すべきことは、単に無理やり出願を促すのではなく、入学検討者の志向性と大学の教育方針が合致するかどうかを、入学検討者と一緒になって考え導いているところだ。そのようなきめ細やかなフォローをスタッフが親身になって行うことが、高い出願率につながっていると考えられる。

圧倒的な当事者意識の醸成が「ヨミ表マネジメント」の要諦

募集スタッフが、自分が担っている出願人数目標を全うすべく、個々の入学検討者と向き合い、きめ細かいフォローをするマインドは、どのように生み出されたのだろうか。私見も含めて考察したい。

結論を先に言えば、iUの募集スタッフチームが、ベクトル・プロセス・ヒューマンが高いレベルで整合し、One Teamになっていることが大きな要因だと思う。

まずベクトルの観点では、**緻密に設計された「ヨミ表」によって、**目指す目標、足りない人数が明示され、**ゴールまでの距離をチーム全員が認識して取り組む状態をつくっている。**

それだけではなく、**大学が掲げるビジョンにチームメンバー全員が共感して取り組んでいる**ことが、高いエネルギーを生み出していると思う。「未来を背負って、イノベーションを起こし、ビジネスをドライブする人材を輩出したい」「iUの取り組みに共感する人に来て欲しい」という想いで募集活動をするのと、資料請求者にただパンフレットを送るだけ、説明会で淡々と同じ作業を繰り返すだけのスタッフとでは、雲泥の差がでる。

次にプロセスの観点では、前述のようにチームの目標を達成するために、個々のスタッフに出願人数目標が設定され、Cヨミから出願へとランクアップしていくための勝ちパターンを編み出し共有している。一言で言うのは簡単だが、これはなかなか難しい。

勝ちパターンを編み出すには、Cヨミ→Bヨミ→Aヨミ→出願へと気持ちが高まるプロセスゴールが設計され、そのための手法をチーム全員でPDCAを高速で回し、ノウハウ共有する環境をつくらなければならない。つまり、前者が「確度のヨミの基準づくり」であり、後者が「チームのヨミ会」の運営が、iUの募集スタッフチームではしっかりと行われているのだ。

最後にヒューマンの観点では、当時の設立準備責任者の宮島徹雄氏ご自身が、「ヨミ表マネジメント」を熟知し数多くの成功体験をお持ちであるのと同時に、もう一名「ヨミ表マネジメント」に長けた優秀なマネージャーをスカウトして、募集スタッフチームに配置している。そのマネージャーがコアになり、チームビルディングを行う体制を構築している。

宮島氏いわく、

「最初は、こちらがやって見せるしかない。そして、効果を実感してもらうことで、チームメンバーの意識と行動が変わってくる。」

「メンバーは、実際に動き、ひとつずつ成果を積み重ねることで効果を実感できると、次第に数字がヨメるようになってきた。」

まさにこの言葉のとおり、**最初はリーダーが範を示し、結果を出すまでやりきる姿勢を見せる、リーダーシップが必要だ。それを見ることで、メンバーの意識変容、行動変容が起きるのだ。**立ち上げの段階で、チームのマインドセットをしっかり行えば、その後のメンバー間の関係性を高めるチーム運営はスムーズだ。

このように、ベクトル・プロセス・ヒューマンを整合させることで、チームに連帯感、連帯責任の意識が生まれてくる。こうなると、「チームのために、自分が果たすべき役割は何か。貢献できることは何か。」という当事者意識が高まり、やりきる力が湧き上がっ

事例4　大学入学者の募集に「ヨミ表マネジメント」を実践し、設立初年度で目標入学者数を達成したケース

◎大学が掲げるビジョンにチームメンバーが共感

◎緻密に設計された「ヨミ表」によって、目指す目標、足りない人数が明示

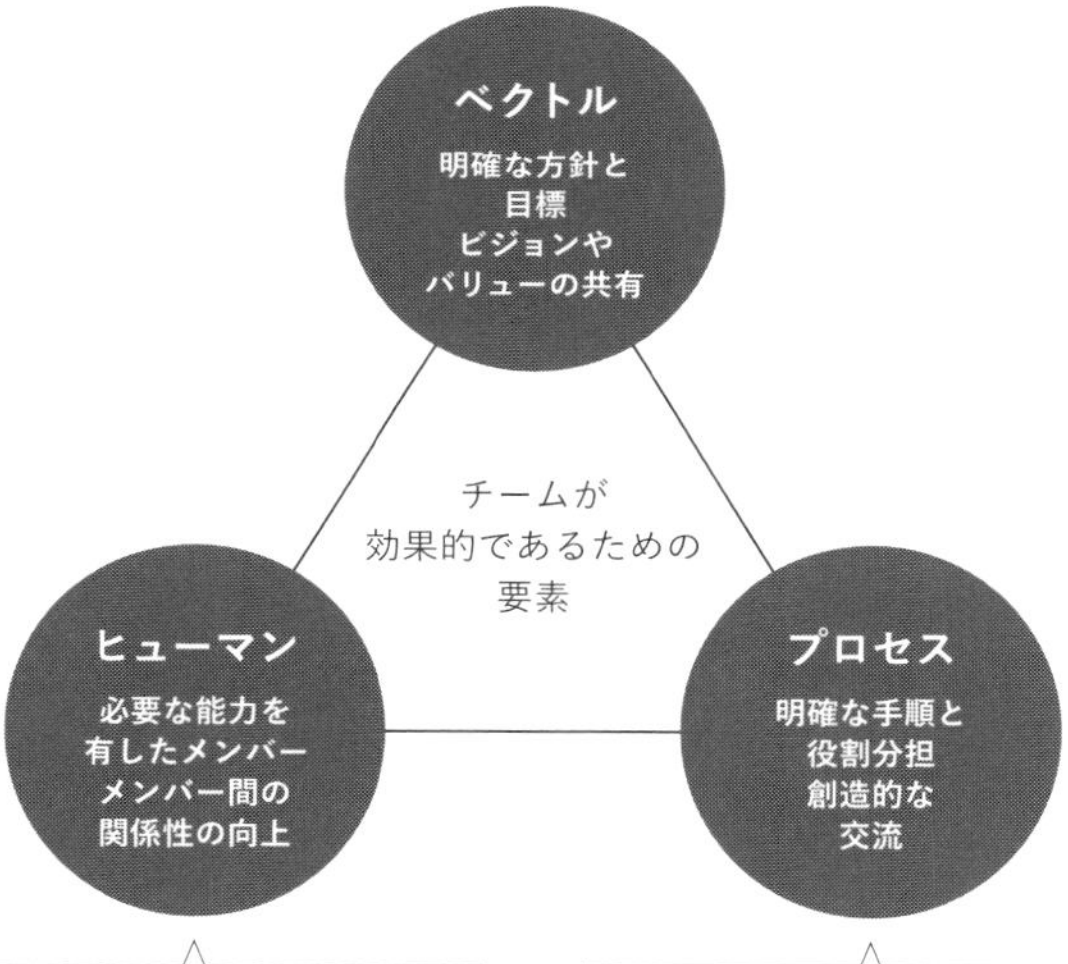

◎設立準備責任者が、「ヨミ表マネジメント」に長けたマネージャーをスカウト

◎そのマネージャーが率先垂範し、効果を見せることで、結果を出すまでやり切るマインドセットを行う

◎個々のスタッフが担う、出願人数目標が設定

◎「チームのヨミ会」で、出願へ導く「勝ちパターン」を編み出し共有

チームのために、自分が果たすべき役割は何か、貢献できることは何かという当事者意識が高まり、やり切る力が湧き上がる

※『グローバル組織開発ハンドブック』（ピープルフォーカス・コンサルティング著）より引用

てくる。

成功要因として宮島氏が言われていた、

「我々は数字のヨミ管理については、かなり精緻に行った自負がある。そして、募集に関わるマネージャー、メンバー全員が高い当事者意識をもってやりきった結果だ」

という言葉の意味が、少しは伝わったのではないかと思う。

そしてさらにこの言葉を咀嚼すれば、

「ヨミ表」は単なるツールに過ぎない。このツールを使って、チームメンバー全員が圧倒的な当事者意識をもって、やりきる力を身につけていくよう導くことが、変革を促すマネジメントの要諦である、このように解釈することもできると思う。

ここまで4つの事例を通して、「ヨミ表マネジメント」の活用方法とその効果についてお伝えしてきた。ともすると、「ヨミ表」を使ってメンバーを管理する、「勝ちパターン」を作って、型にはめるという誤解をされる場合がある。

しかし、この事例を見ていただけるとわかるように、「ヨミ表」というマネジメントツールによって、営業メンバーたちが、**稼ぐための工夫を自ら考え行動し、「ミニ経営者」へと変**

わっていくことを促していくことが本質なのだ。

営業メンバーを、指示して動かす歯車的な作業員と見るか、自ら考え行動し、知恵を出し合う存在と捉えるかで、「ヨミ表」の使い方は違ってくる。

大きな環境の変化で、先が見通せない時こそ、この事例で取り上げた「ヨミ表マネジメント」の活用方法を参考にしてもらいたい。

おわりに

テレビや雑誌では、営業担当が担う数値目標のことを〝営業ノルマ〟という言葉で表現していることが多い。私はこの言葉使いを好ましいとは思わない。

〝ノルマ〟という言葉を調べると、語源はロシア語で、各人に課せられる仕事量という意味で、第二次世界大戦後、シベリアで抑留されていた日本人が帰国し使われるようになったそうだ。このような背景からか、この〝ノルマ〟という言葉には、過酷な労働を強いられるイメージが付着し、それが営業職に対する偏ったイメージを助長しているように感じるからだ。

本書では、一貫して「営業目標」という言葉を使っている。会社が掲げる目標を社員が分担し、力を合わせて達成しようとする意味合いの方が、健全で本質的だからだ。本書のタイトルでもある「ヨミ表マネジメント」という言葉にも、同じ想いを込めている。

ここで紹介してきた「ヨミ表」は、営業メンバーに対して、ノルマ的な数値管理を強いるものではない。目標を達成するために必要となる観点を示し、営業メンバーが自ら考え行動するための支援ツールなのだ。

最初は、会社や上司から与えられた目標数字かもしれないが、それを自分事として捉え、創意工夫をしながら達成する術を習得すると、それは大きな自信になる。人は自信を持つことで、今度は自分で目標を設定して挑戦するようになる。もうこの時点で、課せられた目標や課せられた仕事をこなす作業員ではない。

本書では、「ヨミ表」によって営業メンバーを「ミニ経営者」に変えるというフレーズを何度も使っている。やや大げさな表現だと思われるかもしれないが、本来、営業職とは、お客様のご要望を満たし、その対価を得ることが仕事だ。獲得したい対価を目標として定め、そのためにどれくらいの顧客満足を提供すれば良いか、これを考えることは経営の根幹だ。

営業現場が、このような経営者思考に変わると、たとえ大きな外部環境の変化にさらされても、誰かが突破口を見出してくる。そして何よりも、その職場は刺激的で楽しいはずだ。

この本が、営業現場のマネジメントに従事されている方、第一線でお客様と向き合っている方に、お役に立てれば幸甚である。ここまで読み終えていただいたことに感謝の意を表すると共に、皆様の成長、事業の発展を心より願っている。

最後に、本書を上梓するにあたって、お世話になった方々へのお礼を述べて締め括りたいと思います。

まずは、これまでに仕事を通してお手伝いをさせて頂いたお客様に感謝を申し上げます。そのお客様に真摯に取り組んで頂いたおかげで、この本を書けたと思っています。特に、改めて取材にご協力いただいた方々には、この場を借りて心より御礼申し上げます。

次に、営業職としてスタートを切った社会人1年目の私に、営業の基本を一から教えてくださった当時の上司、道上良司様（株式会社マイナビミドルシニア 代表取締役社長）に、この紙面を借りてお礼を申し上げたいと思います。全く売れなかった私に、熱心に向き合い、育てて頂いたおかげで、今日があると思っています。

そして、リクルートで仕事を共にし、「ヨミ表」という共通言語を持つ方々に、様々な応援、ご協力をいただきました。

事例取材にご協力頂いた、情報経営イノベーション専門職大学 イノベーションマネジメント局 局長 宮島徹雄様、リクルート時代の先輩、安藤真規子様。

本書の企画を出版社につないでいただき、多くのサポートをして頂いた、リクルート時代の同期、黒田真行様（ルーセントドアーズ株式会社 代表取締役）、リクルート時代の同期、酒井禎雄様（スマートソーシャル株式会社 代表取締役ＣＥＯ）。

最後に、出版に至るまでご支援いただいた、株式会社クロスメディア・パブリッシング代表取締役 小早川幸一郎様、阿波岳様に感謝の意をお伝えし、謝辞とさせて頂きます。

２０２０年９月吉日

株式会社プロジェクトプロデュース

代表取締役　亀田啓一郎

【著者略歴】

亀田啓一郎（かめだ・けいいちろう）
（株）プロジェクトプロデュース 代表取締役 中小企業診断士
1989 年、神戸大学工学部卒業後、（株）リクルートに入社。
通信ネットワーク事業の新規法人開拓営業、販促企画やナレッジマネジメント活動に従事。住宅情報部門では、インターネットサービスの新規事業企画、事業運営のマネジメントを行う。（株）リクルートマネジメントソリューションズにて、営業人材育成や営業組織強化の研修設計に従事。17 年間勤務後、独立し、（株）プロジェクトプロデュースを設立。1000 件を超える好業績者へのインタビュー経験をもとに、営業・販売・接客などの顧客接点部門の研修や伴走型の組織開発プロジェクトを数多く手がける。「勝ちパターンの設計と定着」「目標達成確率を高める、ヨミ表マネジメント」「案件創出力を強化する、商談コミュニケーション研修」などが定番プログラムとなっている。
著書に『売れる営業チームに育てるシクミ×シカケ』（総合法令出版）、『トップセールス 1000 人に聞いてわかった「毎月目標達成できる PDCA 営業」』（秀和システム）。

協力：スマートソーシャル株式会社 代表取締役 酒井禎雄

自力《じりき》で目標達成《もくひょうたっせい》できる「ヨミ表《ひょう》」マネジメント

2020 年10 月 21日　初版発行

発 行　**株式会社クロスメディア・パブリッシング**
発 行 者　小早川 幸一郎
〒151-0051　東京都渋谷区千駄ヶ谷 4-20-3 東栄神宮外苑ビル
http://www.cm-publishing.co.jp
■本の内容に関するお問い合わせ先 …………………… TEL（03）5413-3140 ／ FAX（03）5413-3141

発 売　**株式会社インプレス**
〒101-0051　東京都千代田区神田神保町一丁目105 番地
■乱丁本・落丁本などのお問い合わせ先 ……………… TEL（03）6837-5016 ／ FAX（03）6837-5023
service@impress.co.jp
（受付時間　10:00 ～ 12:00、13:00 ～ 17:00　土日・祝日を除く）
※古書店で購入されたものについてはお取り替えできません
■書店／販売店のご注文窓口
株式会社インプレス　受注センター ……………………… TEL（048）449-8040 ／ FAX（048）449-8041
株式会社インプレス　出版営業部 ………………………………………………… TEL（03）6837-4635

カバー・本文デザイン　金澤浩二（cmD）
DTP　荒好見（cmD）

印刷　株式会社文昇堂／中央精版印刷株式会社
製本　誠製本株式会社
ISBN　978-4-295-40465-1 C2034